Karin Zelle

STICKEN

25 Sticklehrgänge

Otto Maier Ravensburg

© 1990 Junghans Wollversand GmbH & Co. KG
und Ravensburger Buchverlag Otto Maier GmbH
Alle Rechte vorbehalten
Umschlaggestaltung: Ekkehard Drechsel
Fotos: Reinhard Rosenau
Zeichnungen und Text: Karin Zelle
Satz: Fotosatz Ruderer, Grünkraut
Gesamtherstellung: Druckerei Uhl, Radolfzell
Printed in Germany

95 94 93   8 7 6

ISBN 3-473-42429-3

INHALT

EINLEITUNG

Es gibt nachweislich eine große Anzahl bedeutender Bücher über die hohe Kunst des Stickens, so daß sich die Frage aufdrängt, ob es sinnvoll ist, diese Fülle an Fachliteratur noch mit einem weiteren Werk zu krönen, zumal alles, was es über das Sticken zu sagen gibt, sicher schon viele Male umfangreicher, detaillierter, anspruchsvoller, kurzum – besser gesagt worden ist. Vielleicht aber auch etwas komplizierter? Hier ist der eigentliche Grund zu finden, aus dem allmählich der Wunsch entsprang, ein anderes Stickbuch zu gestalten, das einfacher, deutlicher, leichter und übersichtlicher sein und den Zweck erfüllen sollte, Anfänger an das Sticken heranzuführen und Fortgeschrittene wieder aufs neue dafür zu begeistern.

Das bedeutet aber auch Grenzen zu ziehen und sich schweren Herzens von vielen besonders schönen Sticharten zu trennen, die es auch wert gewesen wären, ausführlich behandelt zu werden.
So haben wir uns denn auf nur 25 Sticklehrgänge beschränkt und die darin ausführlich behandelten Stiche zum Inhalt dieses Buches gemacht.
Im Gegensatz zum Stricken, Häkeln, Nähen oder anderen Handarbeiten, mit denen man schneller vorankommt, ist Sticken eine Technik, für die man in erster Linie viel Zeit, aber auch Liebe und Geduld mitbringen muß, da sich der Erfolg nur langsam und in sehr kleinen Schritten einstellt. Hat man aber erst einmal die Liebe zum Sticken entdeckt, so wird man feststellen, daß kaum ein anderes Handarbeitsgebiet so viele Möglichkeiten eröffnet, seine eigenen schöpferischen Fähigkeiten zu entfalten. Deshalb wird sich schon bald nach Beherrschung der wichtigsten Sticharten vielleicht auch bei Ihnen der Wunsch einstellen, kleine Motive, größere Stickereien oder ganze Stickbilder selbst zu entwerfen. Dafür können als Vorlage Postkarten, einfache Motive Ihrer Wahl oder sogar Buntstiftzeichnungen von Kindern dienen, die leicht nachzuarbeiten sind, und an denen sich die leuchtendsten Farben und unterschiedlichsten Sticharten im Wechsel von zarten Linien und gefüllten Flächen ideal ausprobieren lassen.

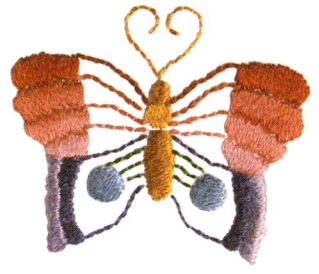

Bunte Borten in fünf Sorten

Wie eine Säule wirken hier die beiden aufeinandergesetzten Zackenstiche, die sich in waagerechten Linien im Steppstich fortsetzen und die Begrenzung der Bordüre bilden. Junge und Mädchen, im Kreuzstich gestickt, sind im Wechsel in die so entstandenen Flächen gearbeitet.

Mit großem Fleiß ist dieser alte Spruch als Mittelpunkt der Bordüre im Kreuzstich gestickt und nur durch kleine rote Herzen unterbrochen. Zwei Reihen im Zackenstich und feine Linien aus Steppstichen rahmen den Spruch nach beiden Seiten hin ein.

Stehkragen und Bündchen einer hübschen Folklorebluse könnte diese schmucke bunte Bordüre zieren. Durch zwei gegengleich ausgeführte Zackenstichreihen entstanden Quadrate, die mit Plattstichen gefüllt sind. Den Rand bilden Kreuzstiche und Steppstichlinien.

Eine schnurgerade Straße, mit kleinen Häusern im Plattstich und blauen Bäumen im Kreuz- und Steppstich, zeigt diese hübsche Bordüre. Der „Bürgersteig" besteht aus Stepp- und Vorstichen. Je zwei Reihen im Kreuz- und Zackenstich bilden den Abschluß.

Reich und bunt bestickt ist die schmale Bordüre auf roséfarbenem Grundstoff. Das Motiv ergibt sich aus zwei langgezogenen Zackenstichreihen, die mit Kreuz-, Stepp- und Kästchenstich zusätzlich verziert wurden.

8

Bei diesem hübschen Figuren-Alphabet ist garantiert für jeden etwas Passendes dabei. Gestickt sieht das Ganze gleich viel plastischer aus, deshalb haben wir es bei dem A, B und C schnell einmal ausprobiert. Dabei sind die feinen Konturen im Stielstich, die Buchstaben und Flächen im Plattstich ausgeführt.

Das Glück muß
gefunde
nicht am Ende

David

*Ein blühender Wiesenrain lädt
zum Spaziergang ein. Auf
schönem weißem Leinen wird
die blühende Pracht gestickt, und
der inhaltsreiche Spruch begleitet
Sie Ihr ganzes Leben lang.*

entlang dem Wege

werden,

der Straße.

Dünn

1

VORSTICH

An den Anfang unserer kleinen Stickkunde haben wir den Vorstich gestellt, denn er ist der einfachste aller Stiche. Er gehört in die Gruppe der Linienstiche und wird von rechts nach links gearbeitet. Durch versetzt angeordnete Stiche, unterschiedliche Stichlängen und Stickgarnfarben entstehen jedoch schon kleine, einfache Stickereien oder hübsche graphische Muster und Bordüren. Zur Verzierung der waagerecht oder diagonal gestickten Linien können die Vorstiche mit einem zweiten Faden zusätzlich umschlungen werden. Man verwendet den Vorstich aber auch häufig zum Unterlegen oder Markieren der Stickereien im Plattstich, um die Motive oder Formen besonders plastisch erscheinen zu lassen, sowie zum Konturieren und Unterlegen von Abschlußkanten im Langettenstich.

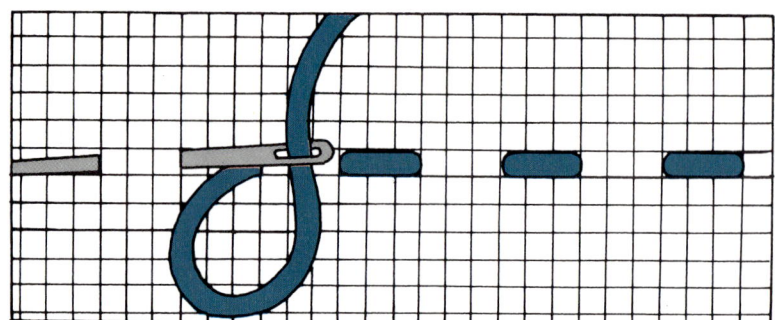

1 An der gewünschten Stelle von unten her ausstechen und die Stiche genauso lang arbeiten wie den Abstand zwischen ihnen. Diese Art des Vorstiches verwendet man gern zum „Reihen" und „Heften" bei Nähvorarbeiten.

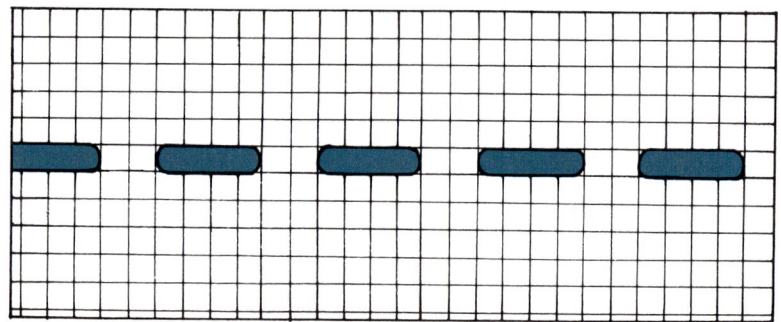

2 Hier sind die Vorstiche der Oberseite länger als die Stiche der Rückseite gearbeitet. Wenn die Stickerei aus der Hand und nicht auf einem Rahmen gestickt wird, können mehrere Stiche gleichzeitig ausgeführt werden.

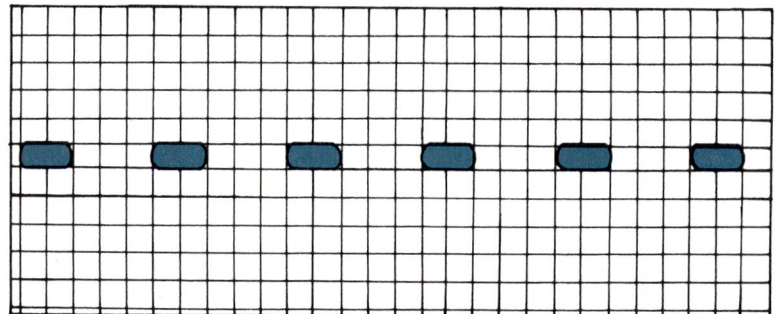

3 Bei dieser Abbildung wurden die Vorstiche der Oberseite kürzer als die Stiche der Unterseite ausgeführt. Dabei wurden mehr Gewebefäden aufgefaßt als übergangen, so daß eine stark unterbrochene Linie entsteht.

4 Schon durch Versetzen der Vorstiche entsteht ein einfaches und strenges Muster. Es wurden in jeder Reihe gleich lange Vorstiche gearbeitet und die Farbe des Stickgarns dabei in jeder zweiten Reihe geändert.

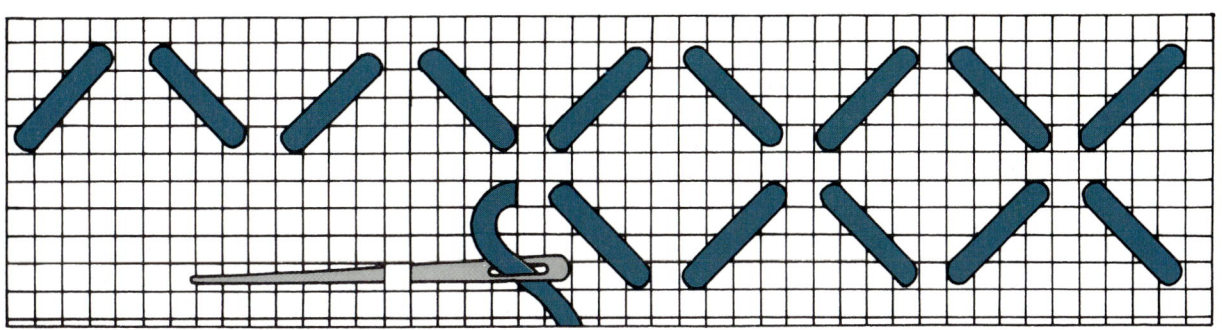

5 Diagonal angeordnet wurde der Vorstich an diesem Beispiel, wobei die untere Reihe gegengleich zur oberen Reihe gearbeitet wird, so daß sich kleine auf der Spitze stehende Quadrate ergeben. Gearbeitet wird schräg über mehrere Gewebefäden in Höhe und Breite. Das Muster läßt sich beliebig über mehrere Reihen fortsetzen.

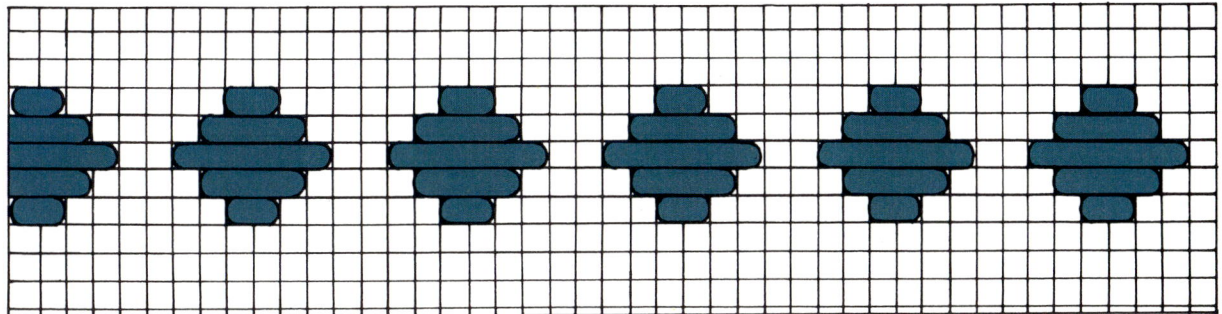

6 Beim Entstehen dieses einfachen Musters werden die Vorstiche bis zur Mitte bei jeder neuen Reihe verlängert und die Abstände zum nächsten Stich dabei verkürzt. Wird der Vorstich wie bei diesem Beispiel zu einer geschlossenen Musterbildung verwendet, so bezeichnet man ihn auch gern als „Webstich". Das nächste Muster versetzt arbeiten.

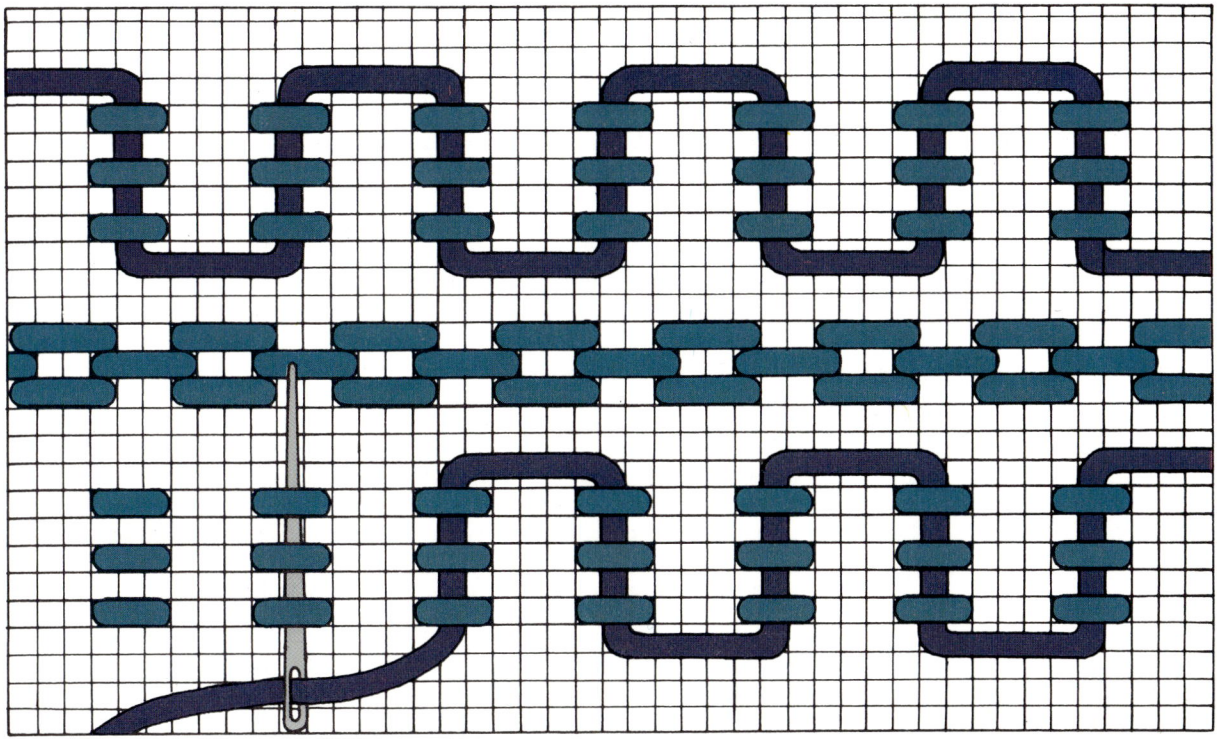

7 Diese Bordüre wird oben und unten aus jeweils 3 Reihen mit gleich langen Vorstichen in gleichen Abständen gearbeitet. Bei dem mittleren Muster, bestehend aus versetzt angeordneten Vorstichen, wirken die übergreifenden Stiche wie Glieder einer Kette. Zur Verzierung Ober- und Unterreihen mit einem dunkleren Faden durchziehen.

2
STEPPSTICH ODER RÜCKSTICH

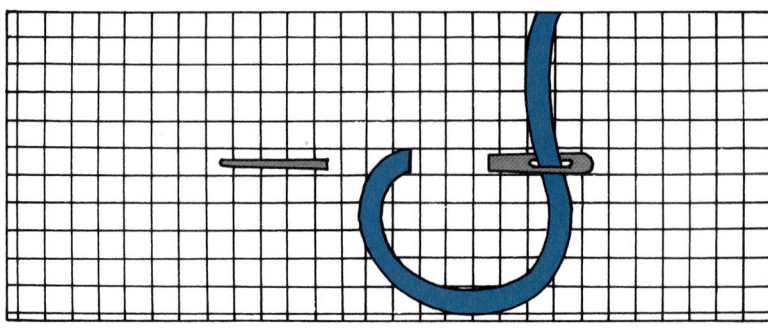

1 *Von unten durch den Stoff ausstechen, die Nadel um die gewünschte Stichlänge in einiger Entfernung nach rechts einstechen und um die doppelte Stichlänge nach links zurückstechen. Den Faden durchziehen.*

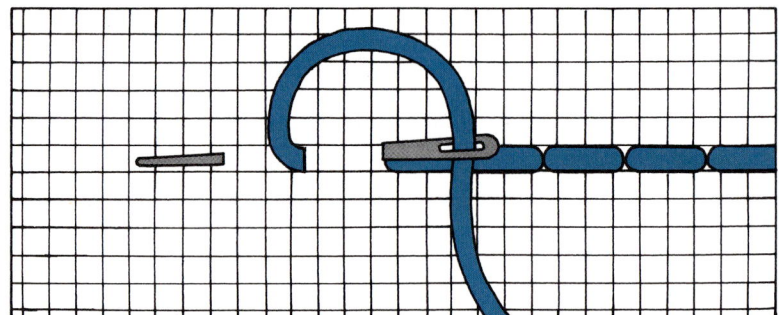

2 *Für die darauffolgenden Stiche jeweils in die vorletzte Ausstichstelle zurückstechen, danach in doppelter Stichlänge die Nadel nach vorn führen und dabei nach oben ausstechen. Den Arbeitsfaden durchziehen.*

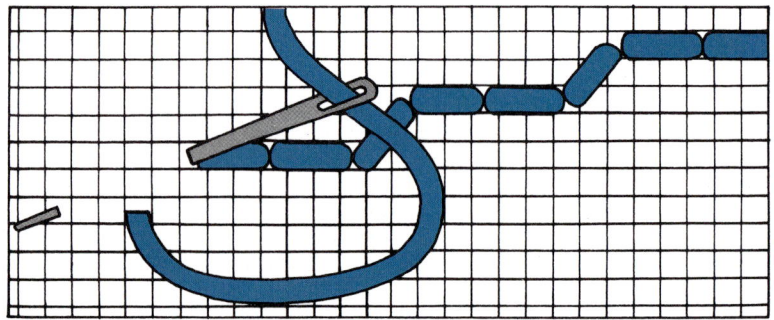

3 *Soll der Steppstich in abfallenden Linien gearbeitet werden, so wird in die letzte Ausstichstelle der darüberliegenden Reihe zurückgestochen und diagonal nach vorn ausgestochen. Es folgen zwei waagerechte Stiche.*

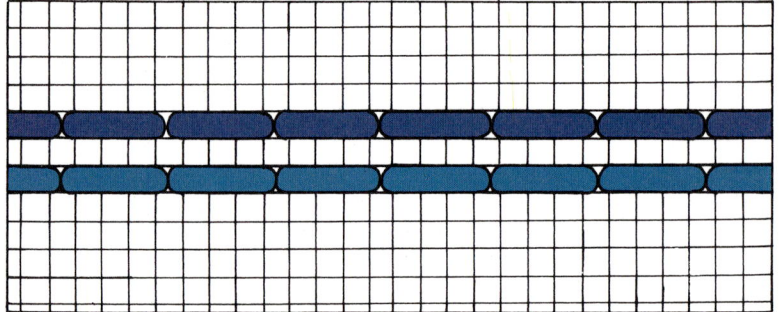

4 *Hier wurden zwei parallel verlaufende Steppstichlinien gearbeitet, wobei die Linien sich farblich unterscheiden. Alle Stiche müssen dabei exakt gleich lang gearbeitet und nach den Gewebefäden ausgezählt werden.*

Der Steppstich ist einer der gebräuchlichsten Linienstiche und wird von rechts nach links gearbeitet. Er besteht aus gleich langen Stichen, die zurück und wieder nach vorn gestochen werden, und wird deshalb auch Rückstich genannt. Der Steppstich eignet sich besonders gut für Konturen-Stickereien und ähnelt auf der Rückseite bei korrekter Ausführung dem Stielstich. Werden die Steppstichlinien noch zusätzlich mit einem andersfarbigen Stickgarn in Wellenlinien durchzogen oder umschlungen, so ergeben sich dabei schon hübsche kleine Stickereien.

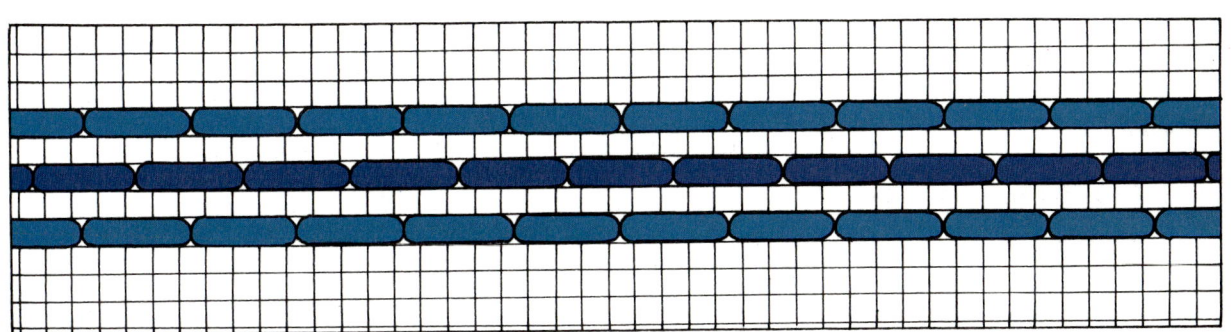

5 Die Abbildung zeigt, daß mit einfachen Steppstichlinien schon eine schöne Wirkung erzielt werden kann. Die obere Linie wird aus gleich langen Stichen parallel zur unteren Reihe gestickt. Die Stiche der mittleren Reihe werden versetzt angeordnet und in einer anderen Farbe gearbeitet. Auf diese Weise entsteht eine hübsche Umrandung.

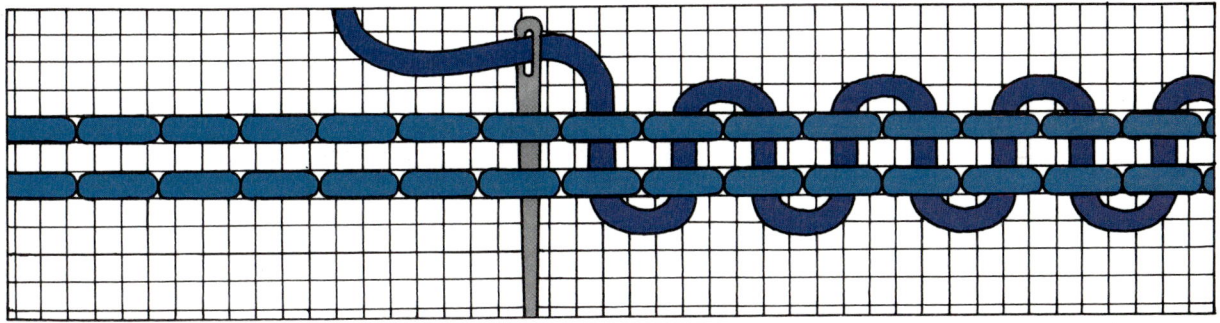

6 Bei diesem Muster werden zwei parallel verlaufende Steppstichlinien in kleinem Abstand voneinander gestickt und zusätzlich mit einem zweiten Faden wellenförmig durchzogen. Dabei wird wieder von rechts nach links gearbeitet, wobei der Durchzugsfaden durch jeden Stich geführt wird und zur Abwechslung eine andere Garnfarbe erhält.

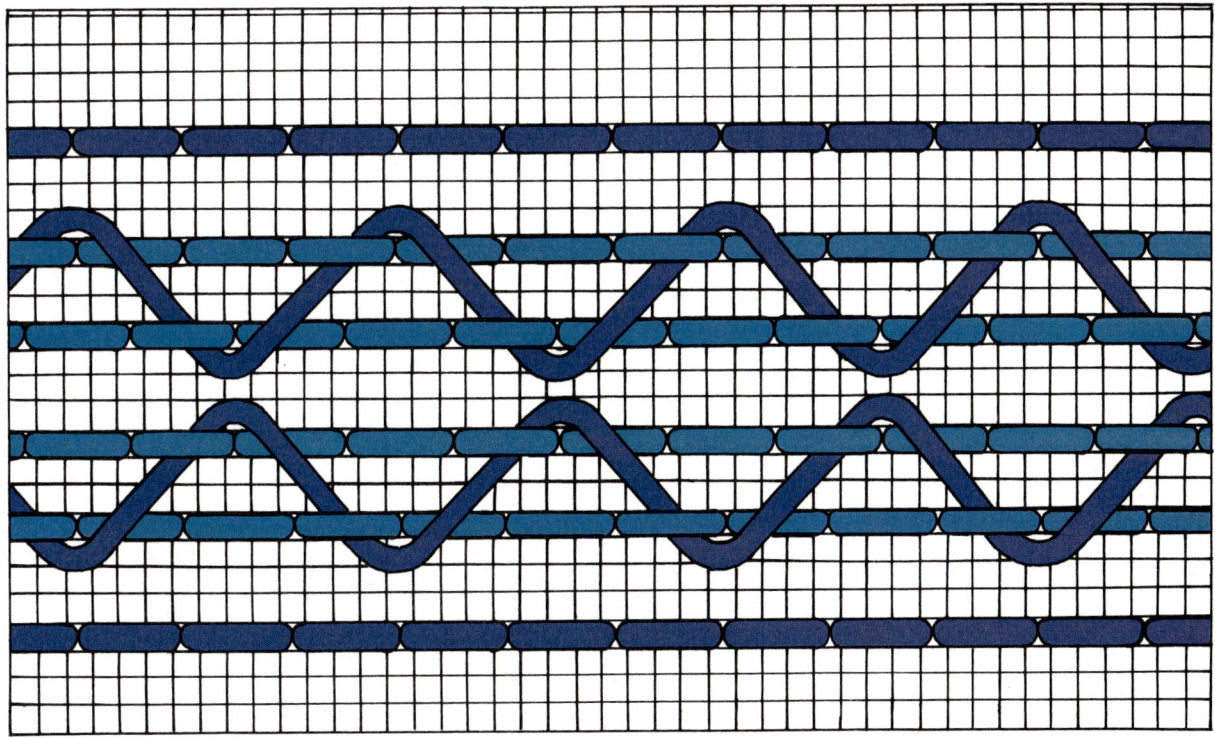

7 In unterschiedlichen Abständen werden sechs Steppstichlinien für diese Bordüre gearbeitet. Die beiden Außenlinien erhalten dabei eine andere Farbe. Jeweils zwei Innenlinien werden mit einem zweiten Faden umschlungen, wobei die beiden diagonal verlaufenden Linien gegengleich durchzogen werden und auf der Spitze stehenden Quadraten gleichen.

3
STIELSTICH

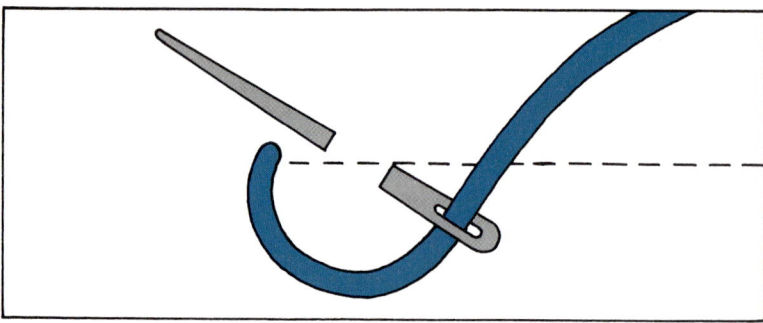

1 *Oberhalb der gestrichelten Linie ausstechen, danach in einiger Entfernung knapp unterhalb der gestrichelten Linie einstechen, auf halber Stichlänge oberhalb der Linie ausstechen und die Nadel durchziehen.*

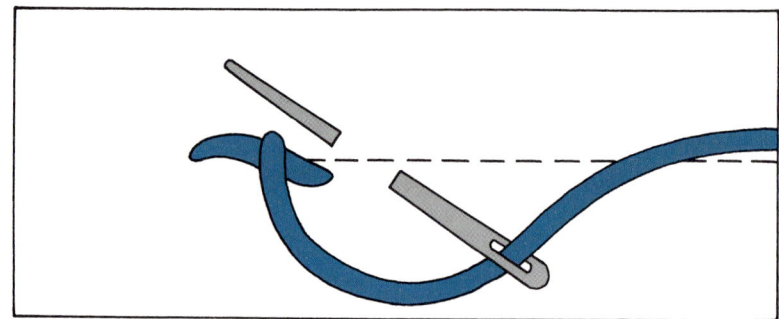

2 *Den Stickfaden nach unten legen, die Nadel rechts in gleichem Abstand des vorherigen Stiches unterhalb der Linie einstechen und oberhalb des letzten fertigen Stiches ausstechen. Die Nadel durchziehen.*

Der Stielstich ist einer der bekanntesten und ältesten Linienstiche. Er ist zum Sticken von geschwungenen Konturen, aber auch zum Füllen ganzer Motive geeignet. Der Stielstich wird häufig in Verbindung mit dem Plattstich angewendet und läßt sich auf auszählbarem Gewebe, aber auch auf allen anderen Stoffarten gleich gut arbeiten. Er wird immer von links nach rechts ausgeführt. Bei Rundungen läßt man die Stiche nach innen hin kleiner werden. Bei Zweigen und Stielen stickt man zu Beginn den Hauptstiel und arbeitet danach die Blattadern an den Hauptstiel an.

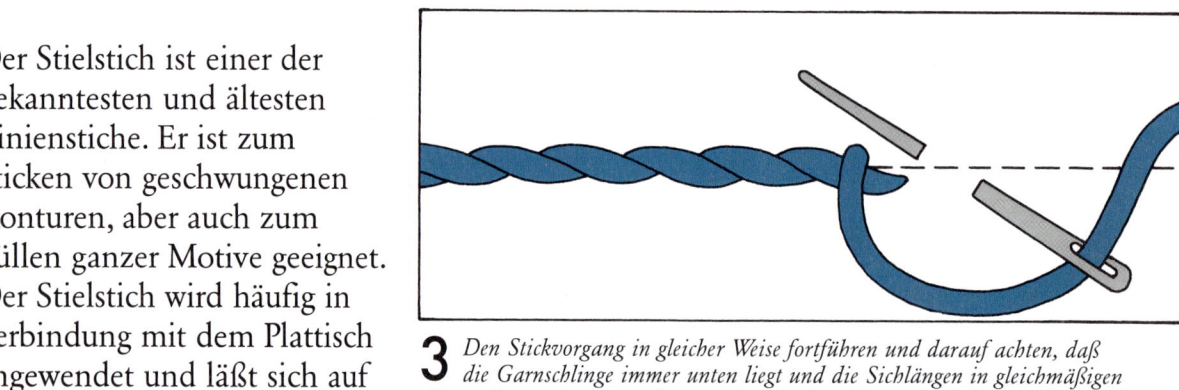

3 *Den Stickvorgang in gleicher Weise fortführen und darauf achten, daß die Garnschlinge immer unten liegt und die Sichlängen in gleichmäßigen Abständen gearbeitet werden, damit eine klare Kontur entsteht.*

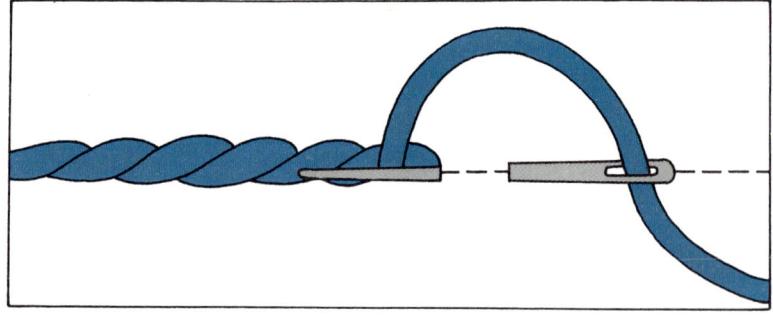

4 *Die gestickte Linie sieht etwas anders aus, wenn der Ausstich direkt an den Einstichpunkt des Vorstiches schließt und der Stickfaden während der Arbeit nach oben gelegt wird. Auch hier auf gleich lange Stiche achten.*

5 Für geschwungene Konturen eignet sich der Stielstich ganz besonders gut, aber auch für Musterumrandungen läßt er sich gut verwenden. Hier wurde neben einer leicht geschwun-genen Kontur eine zweite Kontur gearbeitet. Die Stiche müssen dabei exakt nebeneinander ausgeführt werden. Auf diese Weise lassen sich ganze Flächen füllen.

6 Bei dieser Abbildung wurden drei Stielstiche dicht nebenein-ander ausgeführt, wobei die mittlere Linie eine andere Farbe erhielt. Ob der Arbeitsfaden nun über oder unter der Nadel liegt (siehe Abbildung 3 und 4), stets sollte der Stickvorgang so fortgeführt werden, wie er begonnen wurde, damit die Art der Stickerei einheitlich erhalten bleibt.

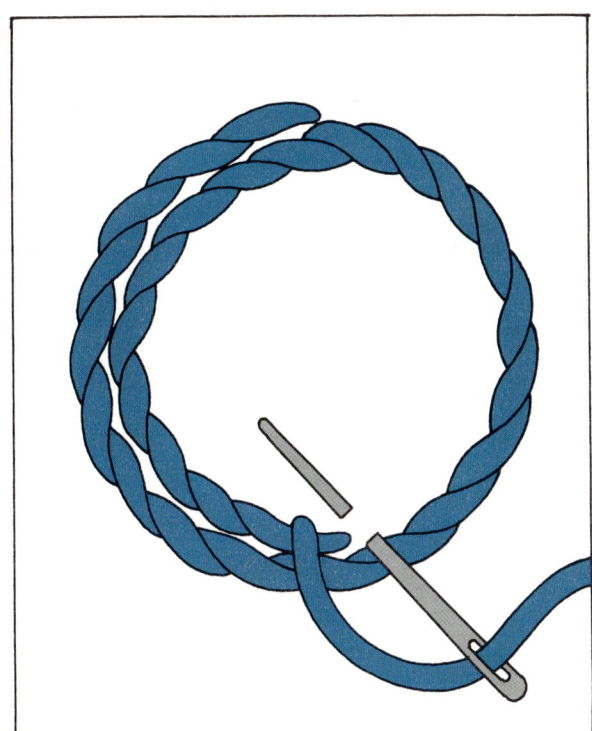

7 Auch zum Füllen von Mustern läßt sich der Stielstich besonders gut verwenden. Beim Sticken von Rundungen beginnt man am besten am Außenrand.

8 Bei Ausführung der Stickerei zuerst Stiele und Blätter arbeiten, danach die runden Flächen füllen. Die Stiche am Außenrand größer und zur Mitte hin kleiner sticken.

4
ZACKEN-STICH

Der Zackenstich wird von links nach rechts gearbeitet und entweder auf zählbarem Gewebe gestickt oder mit Hilfe von zwei parallel gezeichneten Linien ausgeführt. Zwei gleich lange schräge Stiche bilden jeweils eine Zacke, wobei die Zacken lang und steil oder kurz und breit ausfallen können. Der Zackenstich wird im Gegensatz zum Zickzackstich oben und unten durch Rückstiche eingefaßt, die sich je nach Ausführung der Zacken direkt berühren oder in gleichmäßigen Abständen voneinander ausgeführt werden. Da der Zackenstich ein klassischer Grundstich in der Smoktechnik ist, wird er auch als „Smokstich" bezeichnet.

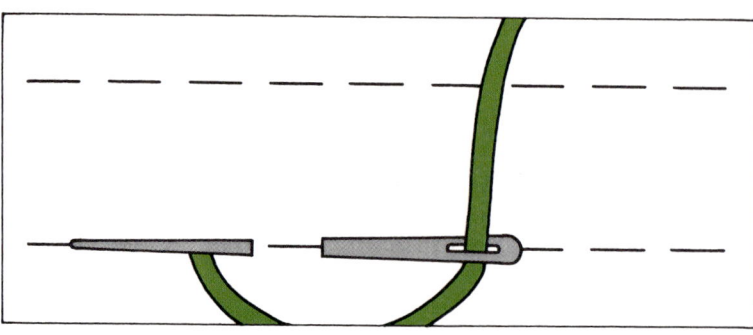

1 An der unteren Hilfslinie links ausstechen, die Nadel auf der waagerechten Linie nach rechts führen, einstechen und in der Mitte des entstandenen Stiches wieder ausstechen. Danach den Arbeitsfaden durchziehen.

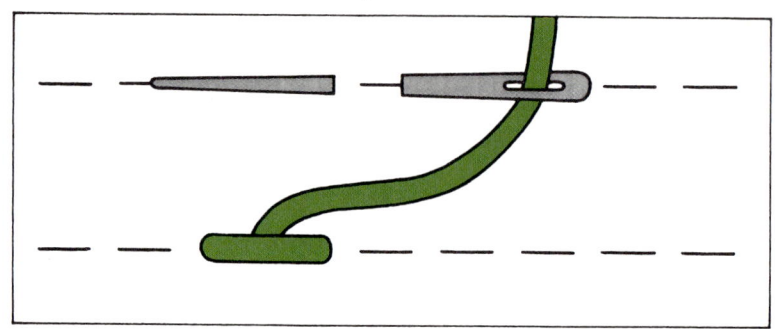

2 Die Nadel schräg nach rechts oben führen, auf der waagerechten Hilfslinie nach rechts einstechen und auf gleicher Höhe des unteren Stichendes nach links ausstechen, dabei den Arbeitsfaden durchziehen.

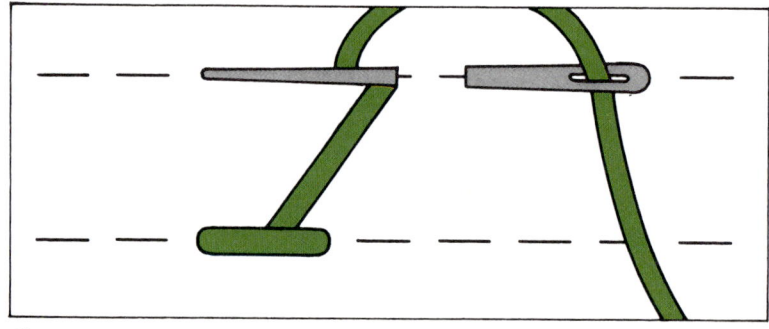

3 Die Nadel auf der oberen waagerechten Linie entsprechend der unteren Stichlänge nach rechts zurückführen, einstechen und auf halber Stichlänge wieder ausstechen. Den Arbeitsfaden dabei durchziehen.

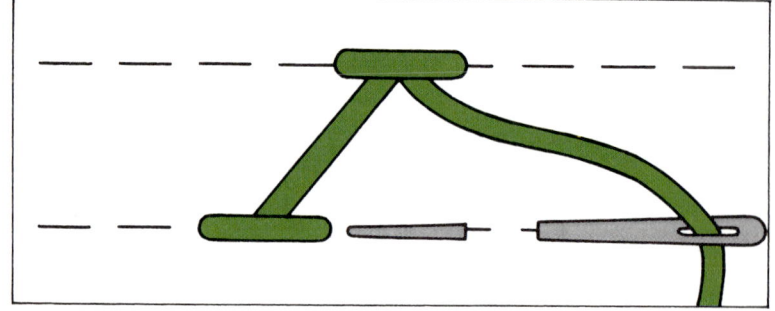

4 Die Nadel schräg nach rechts unten führen, auf der Hilfslinie zu einer halben Stichlänge einstechen und auf gleicher Höhe des oberen Stichendes wieder nach links ausstechen. Dabei den Arbeitsfaden durchziehen.

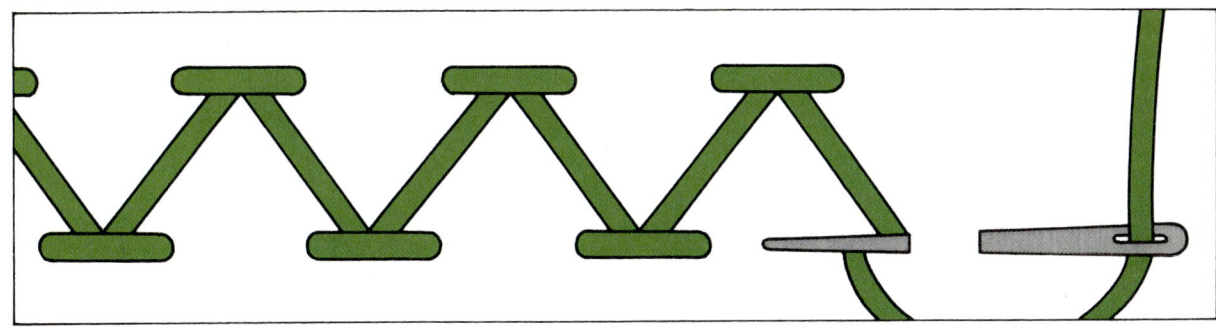

5 Die Nadel auf der unteren Linie, entsprechend der oberen Stichlänge, nach rechts zurückführen, einstechen und auf halber Stichlänge wieder ausstechen. Den Arbeitsfaden durch-ziehen. Die Arbeitsvorgänge der Abbildungen 1 bis 4 wiederholen. Es entsteht eine breite Zackenstichreihe, deren Zwischenräume sich mit anderen Sticharten verzieren lassen.

6 Die Zeichnung zeigt das Entstehen einer Reihe schmaler Zackenstiche. Der Arbeitsvorgang ist dabei der gleiche wie bei den Abbildungen 1 bis 5, nur stoßen bei der Ausführung schmaler Zackenstiche die Rückstiche der oberen und unteren Linien ohne Zwischenraum direkt aneinander. Mehrere Reihen untereinander ergeben ein hübsches Muster.

7 Hier wurden zwei Zackenstichreihen gegengleich zueinander angeordnet, dabei entstanden in der mittleren Reihe zwei aufeinanderliegende Rückstiche. Durch diese Anordnung von Zackenstichen wird ein hübsches Rhombenmuster gebildet. Bei Fortführung des Musters können das Garn gewechselt oder die Rhomben innen bestickt werden.

5
ZICKZACK-STICH

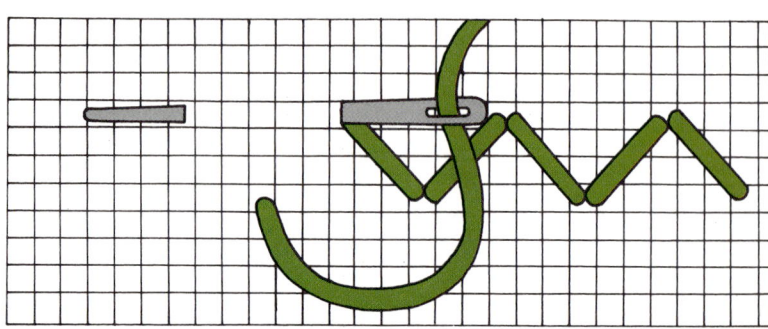

1 *Auf der unteren Reihe ausstechen, die Nadel diagonal über drei Gewebefäden nach rechts oben führen, einstechen und sechs Gewebefäden aufnehmen. Nadel nach links ausstechen, Arbeitsfaden durchziehen.*

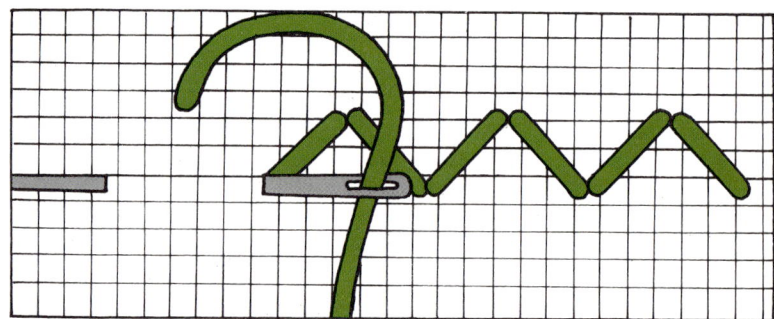

2 *Die Nadel diagonal nach rechts unten zur vorletzten Ausstichstelle führen, einstechen, sechs Gewebefäden waagerecht aufnehmen und nach links ausstechen. Für die folgenden Stiche Arbeitsgang wiederholen.*

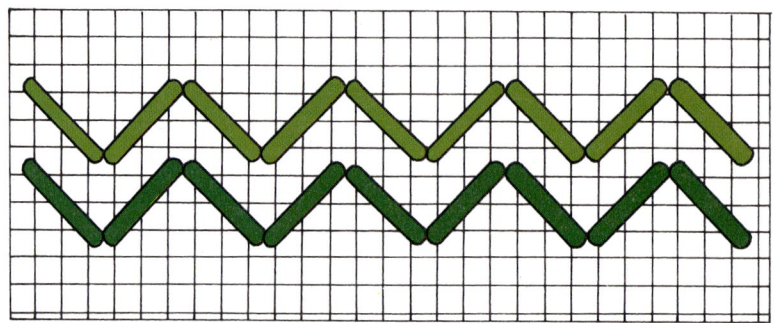

3 *Die Abbildung zeigt zwei Reihen, in kleinem Abstand voneinander ausgeführt. Bei Beginn der zweiten Reihe muß die Arbeit so gedreht werden, daß wieder von rechts nach links gestickt werden kann. Garnfarbe wechseln.*

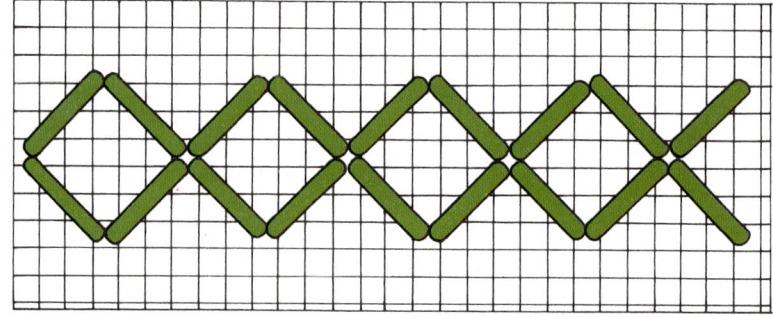

4 *Die beiden Reihen wurden so untereinander gestickt, daß auf der Spitze stehende Quadrate entstanden. Dabei werden die Stiche der zweiten Reihe in die Einstichstellen der Vorreihe geführt. Arbeit vorher drehen.*

Der Zickzackstich kann als Zierstich zum Sticken von einzelnen Mustern oder Bordüren oder zum Füllen ganzer Flächen angewendet werden. Er wird von rechts nach links gearbeitet und besteht aus schrägen Stichen, die im Wechsel von rechts nach links und von links nach rechts verlaufen. Auf der Stoffunterseite entstehen bei korrekter Ausführung kleine Rückstiche. Beim Sticken auf zählbarem Gewebe muß waagerecht eine gerade Anzahl von Gewebefäden aufgenommen werden, wobei die Einstiche der oberen und unteren Reihen versetzt zueinander liegen.

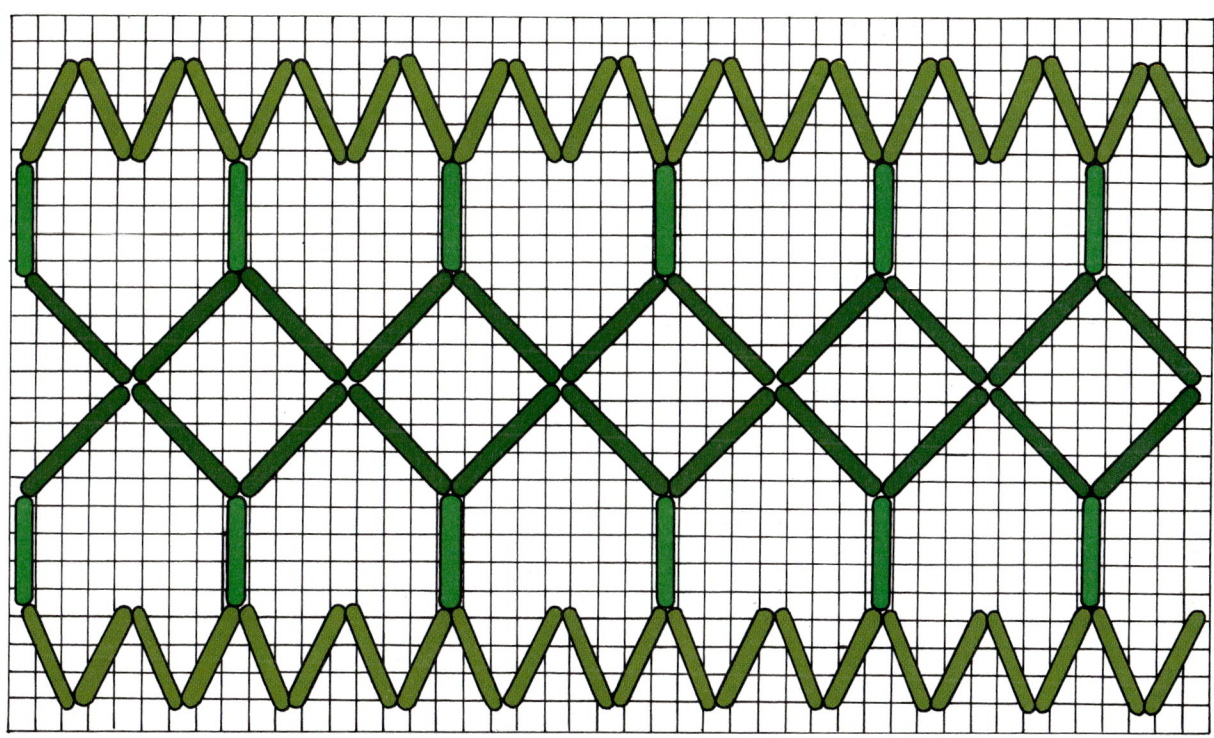

5 Der Aufbau einer Bordüre wird an diesem Beispiel deutlich. Zwei Reihen aus schmalen Zickzackstichen begrenzen die Bordüre nach oben und unten. Durch die Mitte führt eine quadratisch angeordnete Reihe aus großen Zickzackstichen. In den entstandenen Feldern ist Platz für zusätzliche Verzierungen im Kreuz-, Platt- oder Knötchenstich.

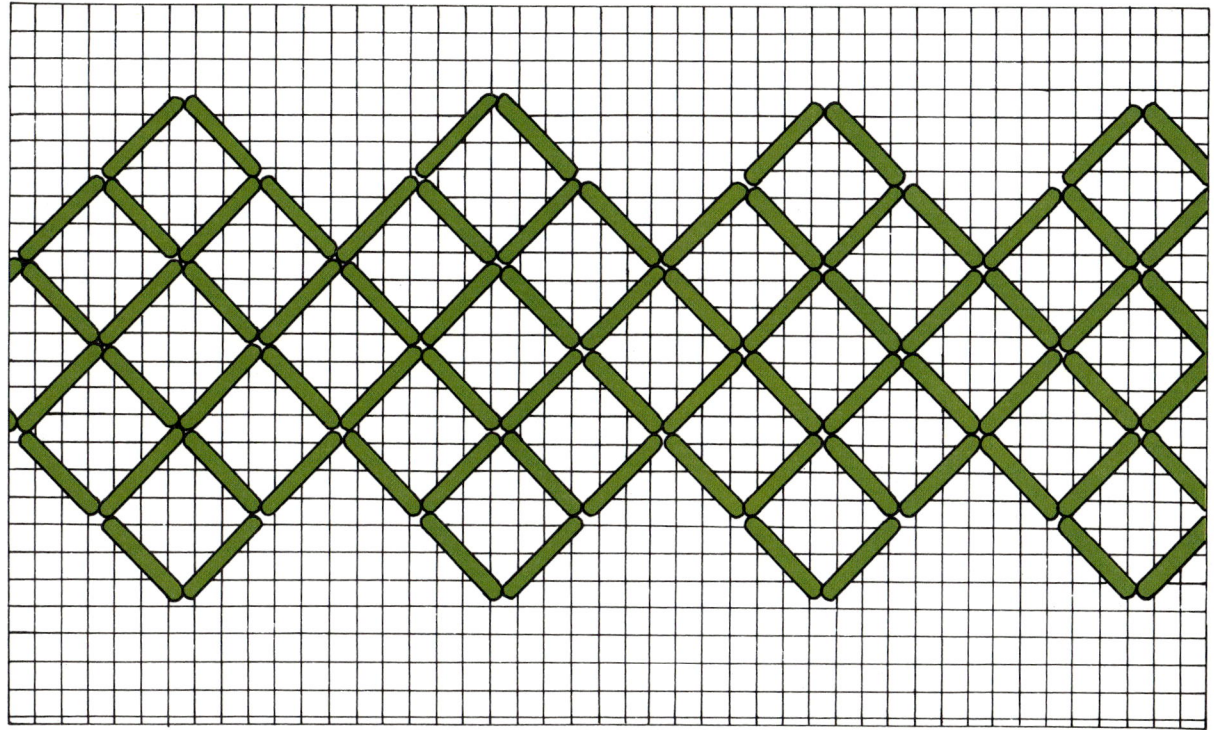

6 Ein schönes Muster aus Zickzackstichen entsteht, wenn mehrere Reihen untereinander versetzt angeordnet werden. Hier wird der Zickzackstich zum Füllstich. Auf diese Weise lassen sich beliebig große Quadrate sticken und je nachGröße mit Margeriten- oder Knötchenstichen verzieren. Ideal als Stickerei für eine Tischdeckenkante.

6
HEXENSTICH

Der Hexenstich wird von links nach rechts gearbeitet, wobei auf der Unterseite kleine Rückstiche entstehen. Er wird auf zwei gezeichneten oder gedachten Linien gestickt, die genau parallel zueinander verlaufen, oder auf zählbarem Gewebe gearbeitet. Man findet den Hexenstich häufig als Zierstich in der Bordürenstickerei oder verwendet ihn zum Füllen kleiner Flächen. Dabei kann er nach Belieben breit oder schmal verlaufen und als offener oder geschlossener Hexenstich gearbeitet werden. Der offene Hexenstich ist nicht nur beim Ausführen von Stickereien als Zierstich bekannt, er wird auch beim Nähen als Saumstich verwendet.

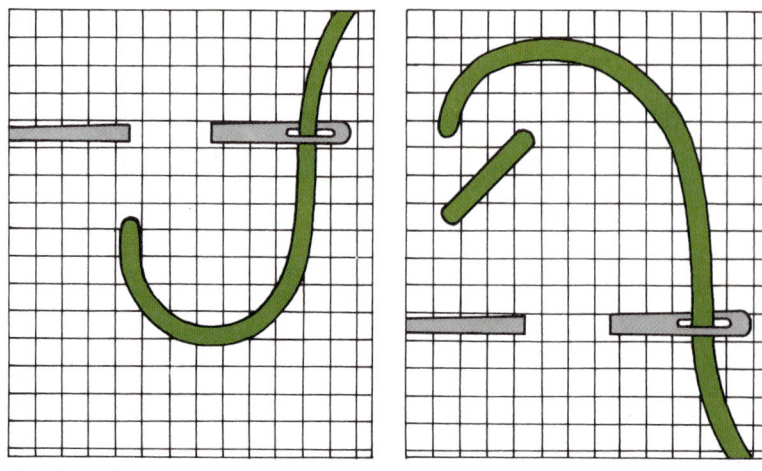

1 *Ausstechen, die Nadel diagonal nach rechts oben führen, einstechen und waagerecht nach links ausstechen. Nadel diagonal nach rechts unten führen, einstechen und waagerecht nach links ausstechen.*

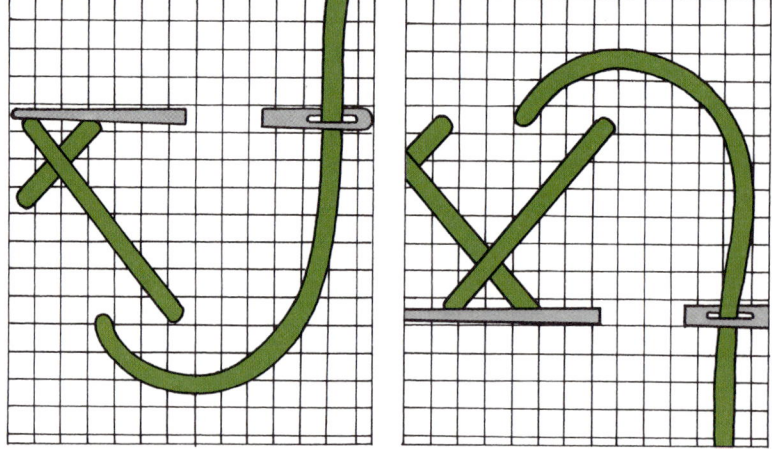

2 *Die Nadel diagonal nach rechts oben führen, einstechen und waagerecht nach links ausstechen. Die Nadel diagonal nach rechts unten führen, danach einstechen und so weiterarbeiten, wie es Abbildung 2 zeigt.*

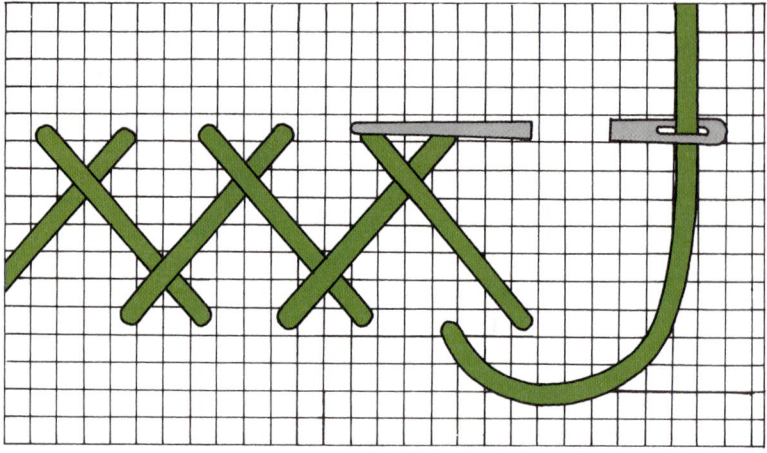

3 *Auf diese Weise entsteht der offene Hexenstich. Beim Sticken darauf achten, daß die Stiche schön gleichmäßig ausgeführt werden. Auf zählbarem Gewebe arbeitet es sich deshalb besonders leicht und schnell.*

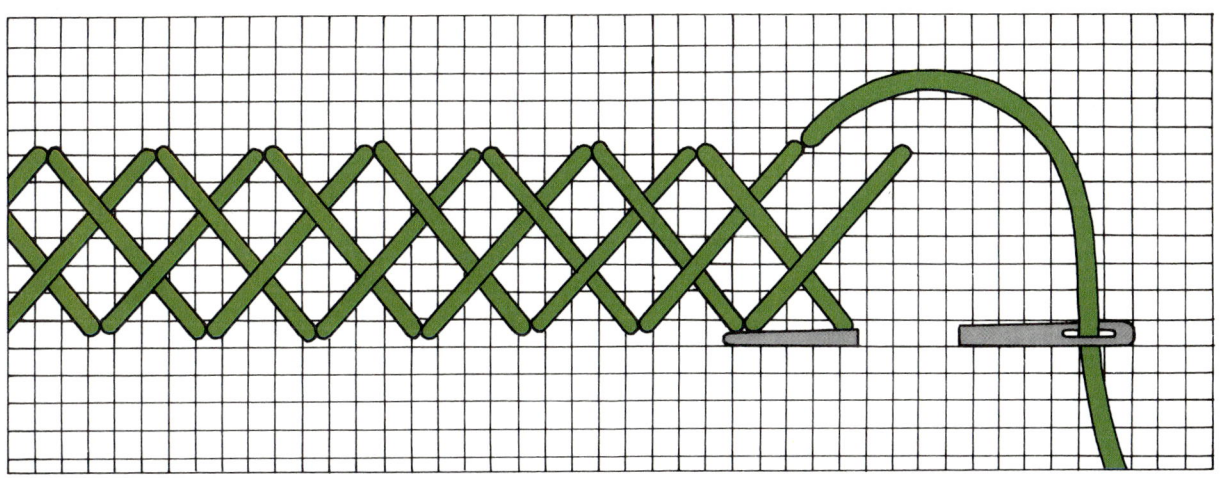

4 <u>Der geschlossene Hexenstich</u>, auch Kreuznahtstich genannt, wird wie der offene Hexenstich gearbeitet, jedoch ohne Zwischenräume. Damit sich die Stiche zu einer dichten Reihe schließen, wird die Nadel an der oberen und unteren Reihe direkt an der Einstichstelle des vorletzten Stiches ausgestochen, wie es die Abbildung deutlich zeigt.

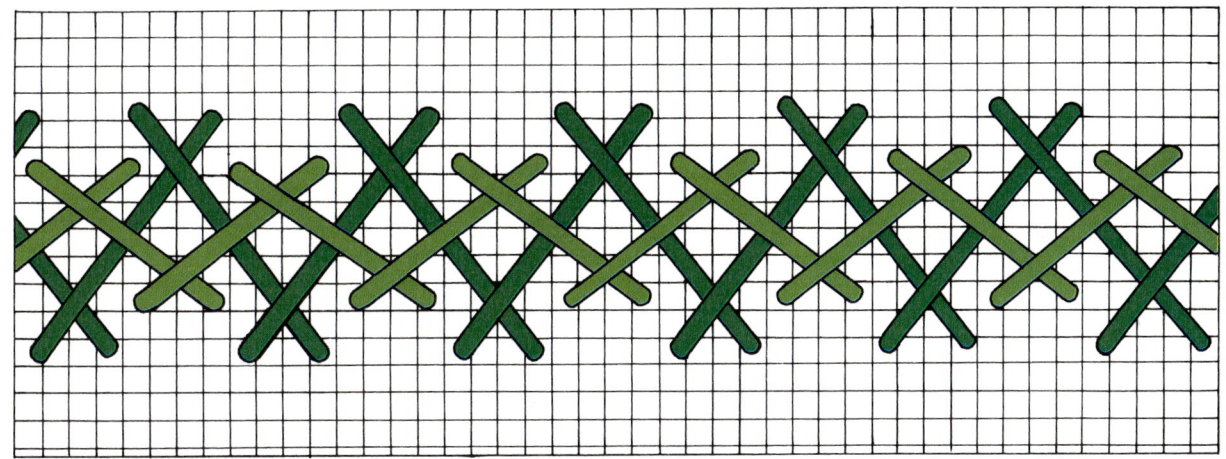

5 <u>Beim doppelten Hexenstich</u> wird zuerst eine große Reihe offener Hexenstiche exakt gearbeitet, danach mit einem andersfarbigen Faden eine zweite, breitgezogene Reihe offener Hexenstiche über die erste Reihe gestickt. Es empfiehlt sich, auf nicht zählbarem Stoff für beide Reihen mit einem harten Bleistift feine Hilfslinien zu ziehen.

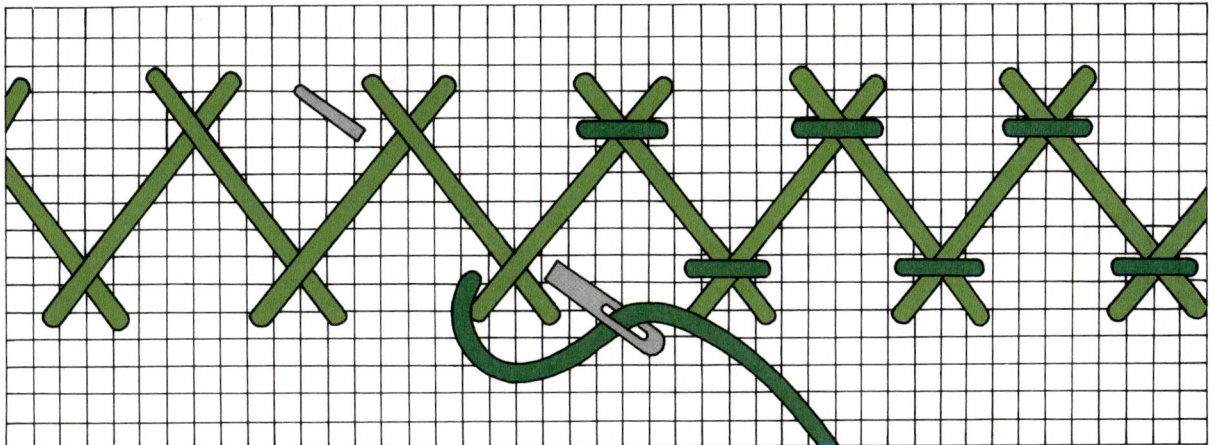

6 Die Abbildung zeigt den <u>überstickten Hexenstich.</u> Es wird zuerst eine Reihe großer Hexenstiche gearbeitet. Diese wird anschließend von rechts nach links mit kleinen, waagerechten Überfangstichen in einer anderen Garnfarbe verziert, wobei die Nadel abwechselnd einmal von unten nach oben und danach von oben nach unten geführt wird.

7 ZWEIGSTICH

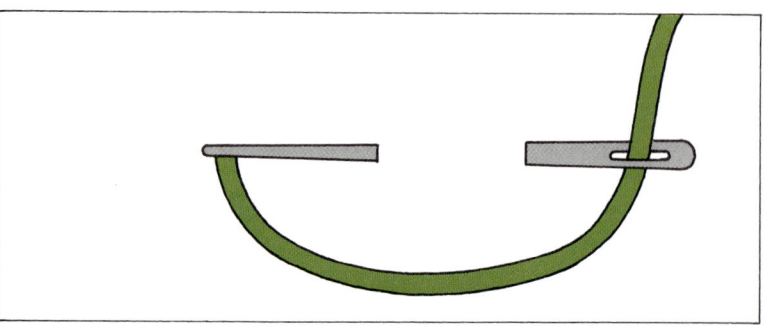

1 *Die Nadel sticht links aus, dabei den Arbeitsfaden mit dem Daumen festhalten. Die Nadel sticht auf gleicher Höhe rechts ein und zur Mitte wieder aus, der Arbeitsfaden liegt dabei genau unter der Nadelspitze.*

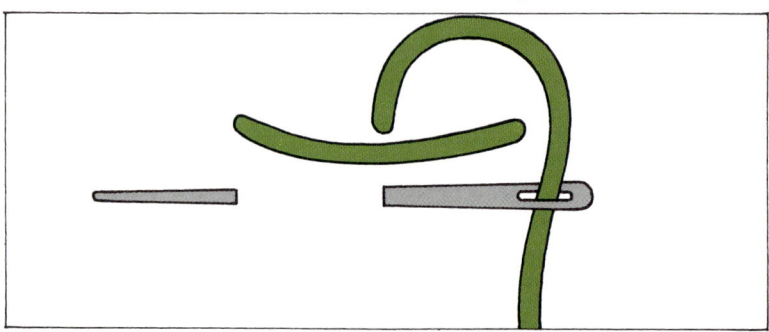

2 *Den Arbeitsfaden durchziehen und die Nadel senkrecht darunter zu einem kleinen Überfangstich einstechen. Der nächste Ausstich erfolgt danach links auf gleicher Linie des vorherigen fertigen Zweigstiches.*

Der Zweigstich wird in senkrechten Reihen von oben nach unten ausgeführt, wobei die Stiche dicht aneinandergereiht oder in kleinen Abständen gearbeitet werden. Die Stiche können dem Zwecke entsprechend gerade und schräg angeordnet oder auch einzeln nebeneinandergesetzt werden. Der Zweigstich läßt sich gut auf zählbarem Gewebe oder nach einer genauen Vorzeichnung arbeiten. Wird er zum Füllen einer Blattform verwendet, so greifen die einzelnen Stiche von einer Seitenkontur zur anderen, wobei die kleinen Überfangstiche in der Mitte die Blattader bilden.

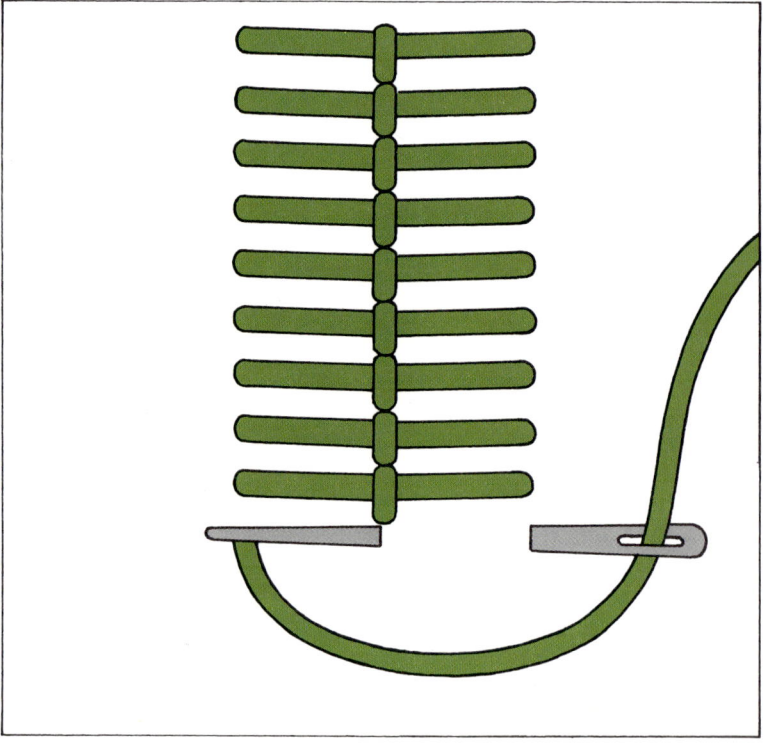

3 *Arbeitsvorgang wiederholen und darauf achten, daß alle nachfolgenden Stiche in gleichmäßigen Abständen zueinander ausgeführt werden. Auf diese Weise entsteht ein waagerechtes Blattgerippe.*

4 Hier wurden vier Zweigstichgruppen abwechselnd waage-recht und senkrecht angeordnet, wobei die Stiche der einzelnen Gruppen schräg ausgeführt sind. Zuerst die senkrechten Gruppen arbeiten, danach die Stickerei drehen und in die freien Felder die waagerechten Gruppen setzen. Dabei kann die Garnfarbe gewechselt werden.

5 Der Zweigstich kann auch einzeln waagerecht nebenein-ander gearbeitet werden. Die Nadel sticht dabei links aus, in gewünschter Stichbreite auf gleicher Höhe rechts ein, zum Überfangstich schräg nach unten zur Mitte wieder aus und beginnt den nächsten Stich direkt neben dem vorherigen. Es entstehen kleine, einfache Büschel.

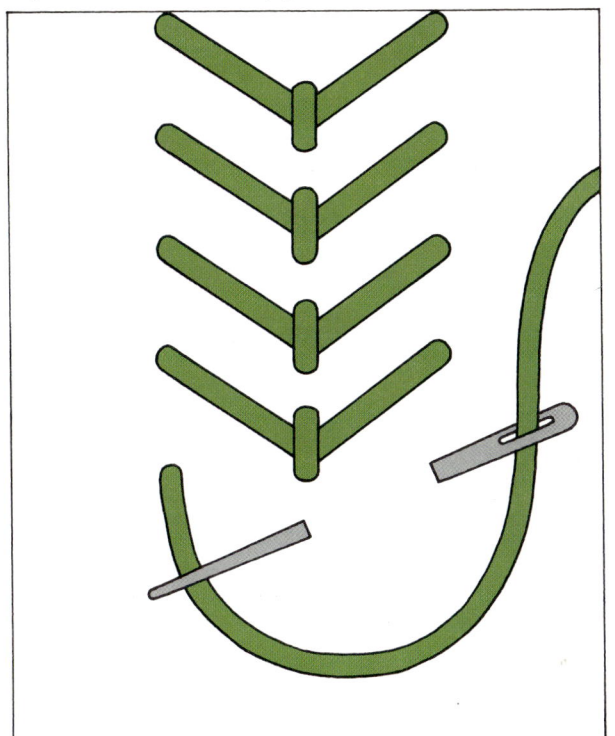

6 Die Abbildung zeigt den Zweigstich einzeln von oben nach unten senkrecht angeordnet. Die Nadel sticht diagonal zur Mitte aus und arbeitet einen Überfangstich.

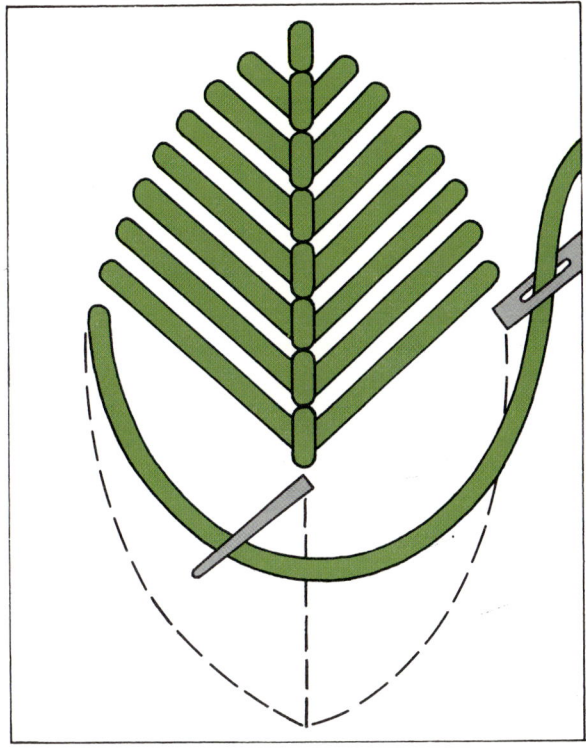

7 Nach einer Vorzeichnung wird diese Blattform ausgestickt. Die Stiche werden zur Mitte hin breiter. Eng aneinander-gesetzte Überfangstiche bilden die Blattader.

8
ÜBERFANG-STICH

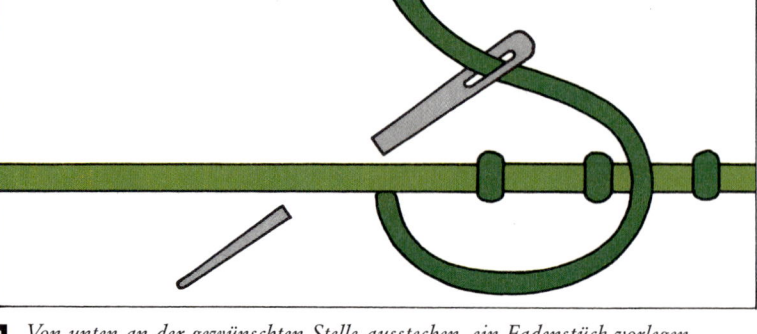

1 *Von unten an der gewünschten Stelle ausstechen, ein Fadenstück vorlegen und mit dem Daumen festhalten. Danach mit einem zweiten Arbeitsfaden den vorgelegten Faden mit Überfangstichen befestigen.*

2 *Werden mehrere Reihen übereinander ausgeführt, so sollten die Überfangstiche versetzt zu den Stichen der Vorreihe angeordnet werden. Vorgelegte Fäden können auch in geschwungenen Konturen verlaufen.*

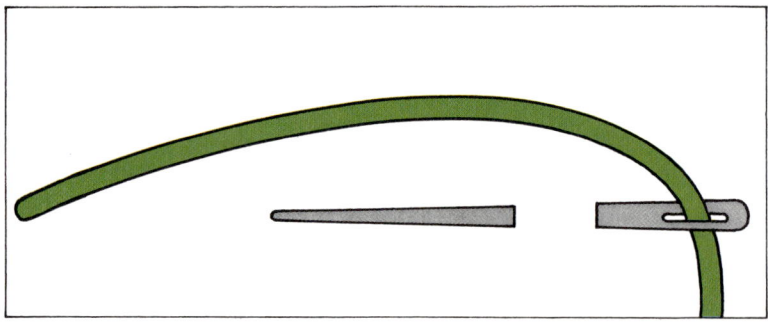

3 *Der rumänische Überfangstich kann im Gegensatz zum Übersticken von geschwungenen Konturen nur bei geraden Linien verwendet werden. Von links nach rechts einen Faden in gewünschter Länge vorspannen.*

4 *Den vorgespannten Faden von rechts nach links mit kleinen schrägen Überfangstichen in gleichmäßigen Abständen übersticken. Bei den folgenden Reihen den vorgespannten Faden in gleicher Weise arbeiten.*

Der Überfangstich wird von rechts nach links, von links nach rechts oder von oben nach unten ausgeführt. Man verwendet ihn immer dann, wenn ein vorgelegter Faden, oder, wie beim Margeritenstich, eine Fadenschlinge noch mit einem kleinen Stich befestigt werden muß. Dabei kann der Überfangstich zum Befestigen eines einzelnen Fadens oder einer ganzen Anzahl von vorgelegten Fäden verwendet werden, so daß er zur Flächenfüllung beiträgt. Erhalten die Überfangstiche dabei eine andere Garnfarbe als der vorgelegte Faden, so dienen diese gleichzeitig als Zierstiche. Werden mehrere Fäden in Reihen aneinandergelegt, so sollten die Überfangstiche versetzt zueinander angeordnet werden.

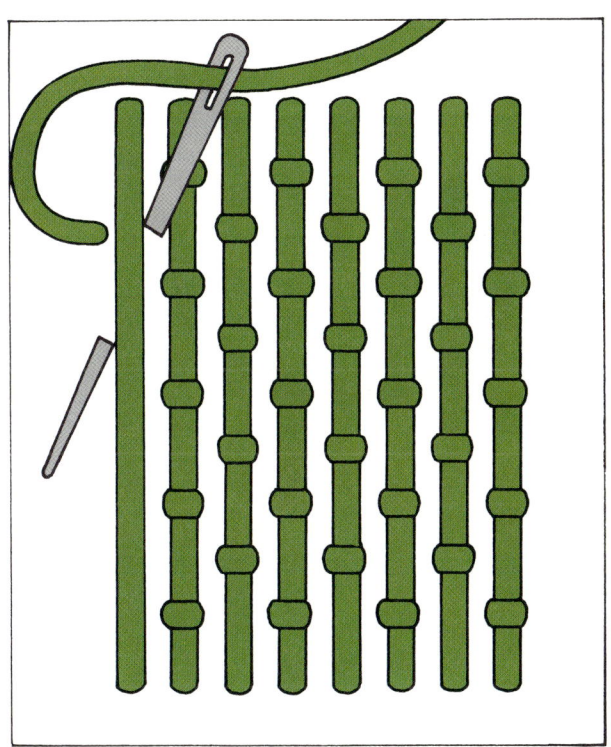

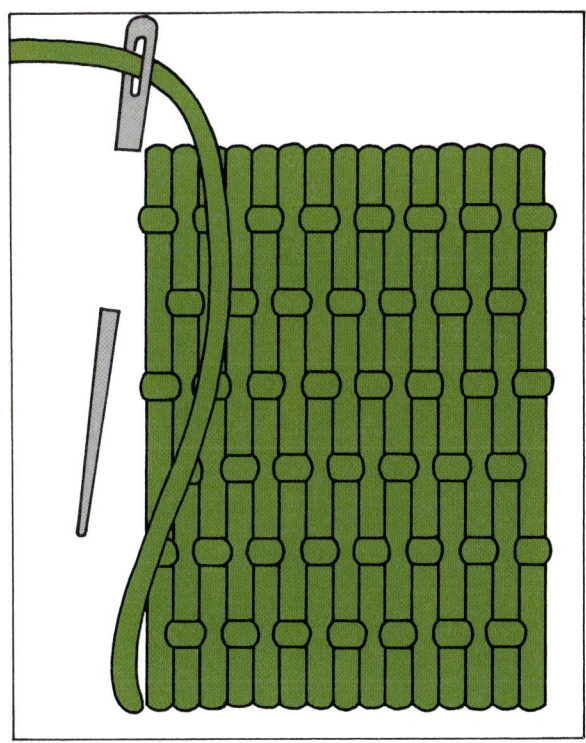

5 Hier wird der Überfangstich beim Sparstich, auch Klosterstich genannt, angewendet. Es wird ein langer Stich vorgespannt und mit Überfangstichen befestigt.

6 Aus dicht aneinandergelegten Fäden entsteht diese Fläche im Sparstich. Der Faden wird senkrecht nach oben geführt, die Nadel sticht schräg zum Überfangstich aus.

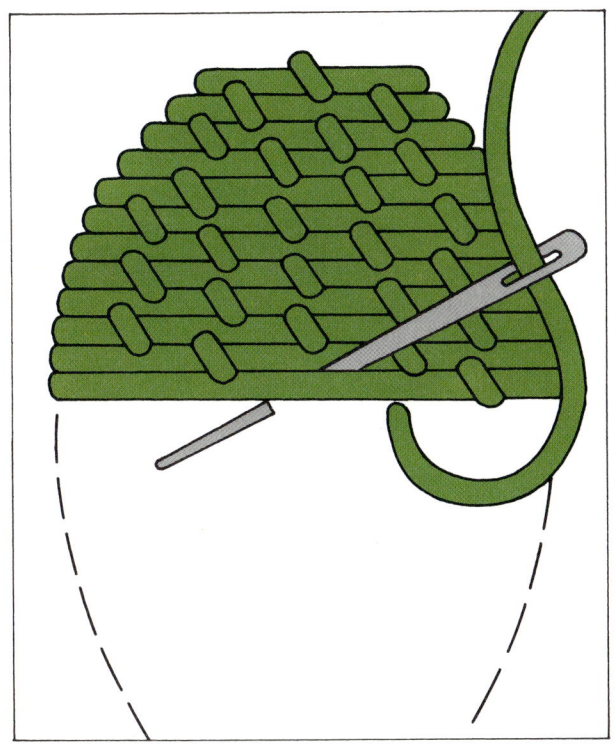

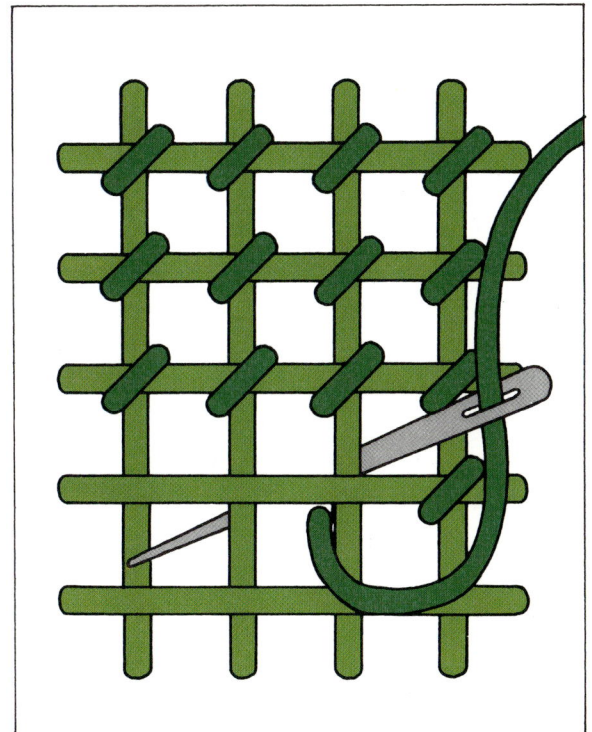

7 Zum Füllen einer Blattform werden die Fäden von einer Kontur zur gegenüberliegenden Kontur vorgespannt und anschließend mit schrägen Überfangstichen befestigt.

8 Ein gitterartiges Muster entsteht, wenn Spannstiche senkrecht und waagerecht angeordnet sind. Sie werden mit Überfangstichen in einer anderen Farbe befestigt.

9
KETTEN-STICH

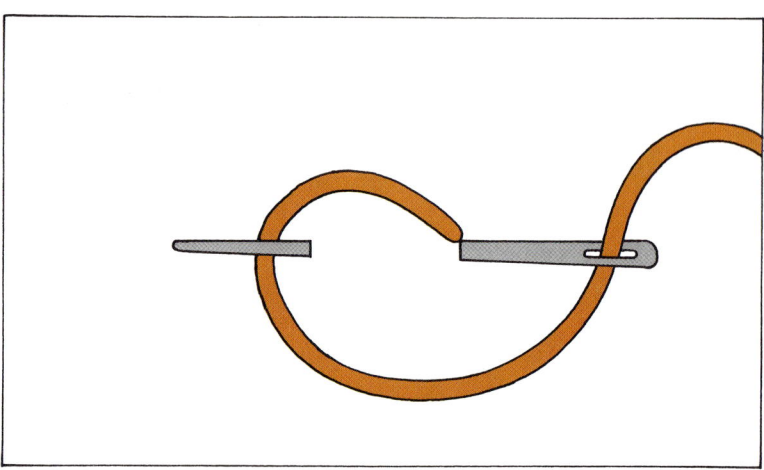

1 *Von unten her an der gewünschten Stelle ausstechen. Danach eine Schlaufe legen, nochmals direkt neben der Ausstichstelle ein- und nach vorn ausstechen, wobei der Arbeitsfaden unter der Nadel liegt.*

Der Kettenstich wird von oben nach unten oder von rechts nach links gearbeitet. Er wird am häufigsten als Linienstich angewendet, wenn die Kontur besonders betont werden soll. Der Kettenstich wird in geraden Reihen oder geschwungenen Linien gestickt und immer bis zum Ende der Reihe in einem Arbeitsgang durchgestickt. Die folgenden Reihen werden wieder am Anfang begonnen, so daß die Stiche in gleicher Richtung verlaufen. Der Arbeitsfaden sollte dabei nicht zu stramm gezogen werden, damit die einzelnen Schlingen schön voll und rund verlaufen und nicht nur wie zwei parallelliegende Linien aussehen. Der Kettenstich kann aber auch ebensogut als Füllstich angewendet werden, wobei er zur Flächenfüllung in dicht nebeneinanderliegenden Reihen oder Runden ausgeführt werden sollte.

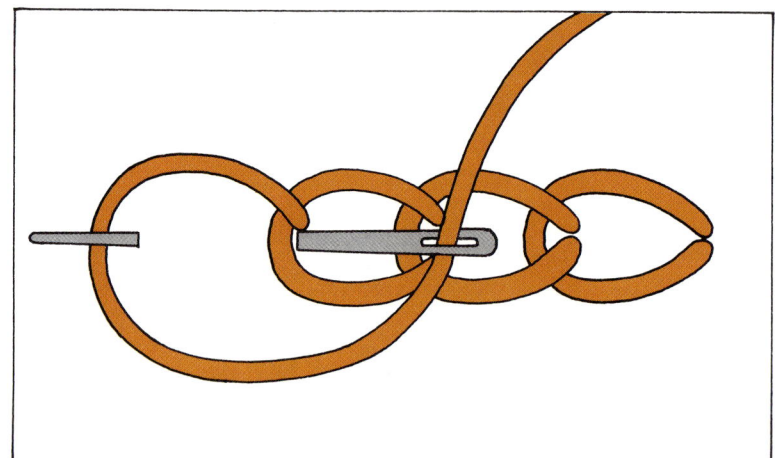

2 *Arbeitsgang wiederholen, dabei neben den Ausstichpunkt der letzten Schlinge einstechen. Darauf achten, daß alle nachfolgenden Stiche exakt in gleicher Länge wie die vorherigen Stiche ausgeführt werden.*

3 *Wird eine Reihe Kettenstiche mit einem andersfarbigen Faden überstickt, so muß die Stickerei vorher so gedreht werden, daß die Öffnungen der fertigen Kettenstichreihe dabei nach links gerichtet sind.*

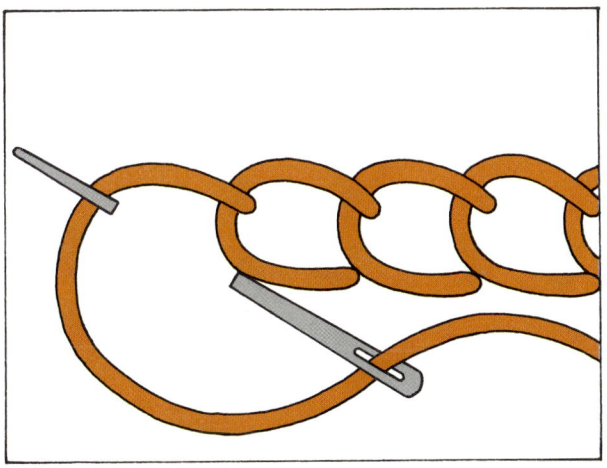

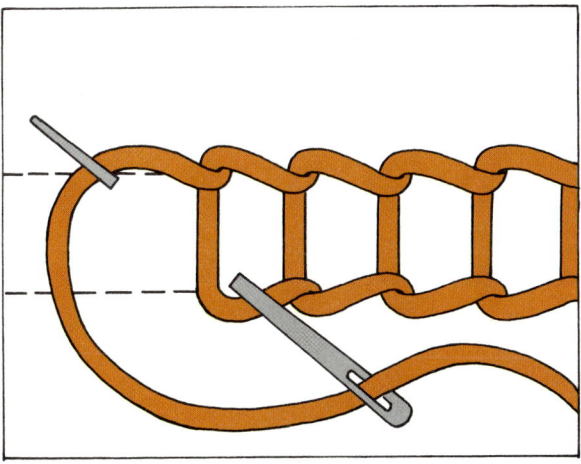

4 _Beim offenen Kettenstich_ wird die Nadel nicht innerhalb der letzten Fadenschlinge eingestochen, sondern außerhalb der letzten Schlinge, und zwar rechts daneben.

5 _Der Leiterstich_ wird mit Hilfe von zwei parallellaufenden dünnen Hilfslinien gearbeitet. Die Nadel wird dabei so eingestochen, wie es die Abbildung zeigt.

6 Hier wird der Kettenstich zickzackförmig angeordnet, d. h. man stickt jeden einzelnen Kettenstich in versetzter Richtung zu dem vorangegangenen Kettenstich.

7 _Beim gedrehten Kettenstich_ wird oberhalb des Arbeitsfadens ein- und innerhalb der Schlinge so ausgestochen, daß der Faden dabei unter der Nadel liegt.

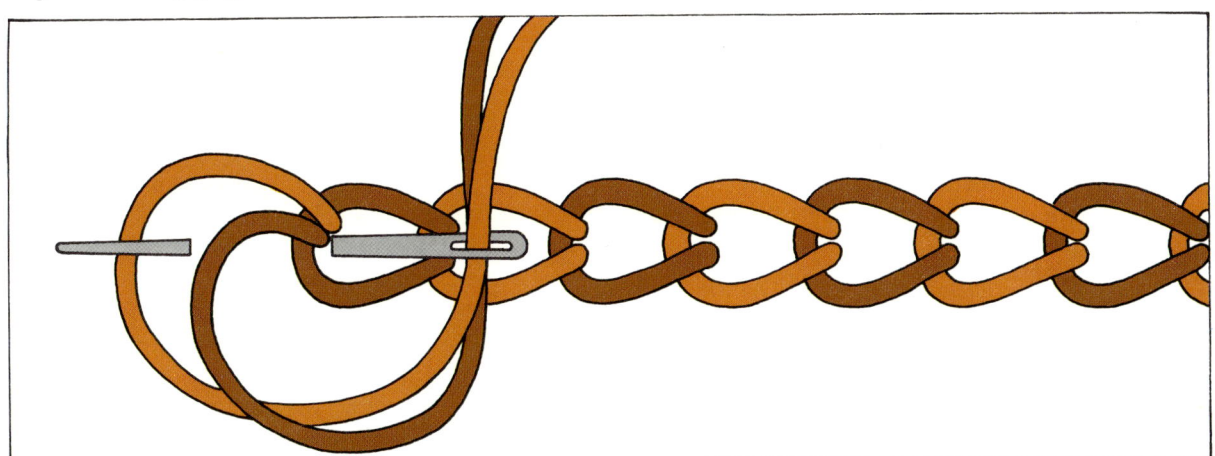

8 _Der zweifarbige Kettenstich_ wird wie der einfache Kettenstich, jedoch mit zwei Arbeitsfäden in einer Nadel ausgeführt. Bei Bildung der Fadenschlinge muß abwechselnd der eine, danach der zweite Arbeitsfaden unter die Nadel gelegt werden, wobei der lockere Faden nachgezogen wird. Bei zwei nebeneinanderliegenden Reihen die Farben versetzen.

10 MARGERITEN-STICH

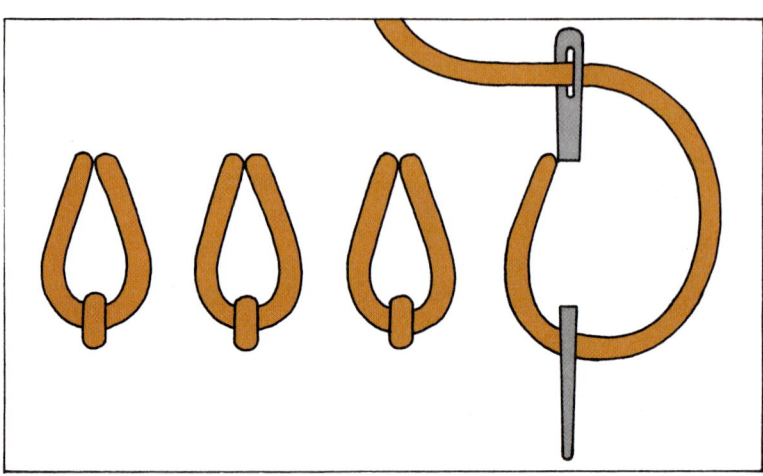

1 Der Arbeitsbeginn gleicht dem des Kettenstiches. Es wird an der gewünschten Stelle ausgestochen, der Faden zur Schlinge gelegt und die Nadel so geführt, daß der Faden unter der Nadelspitze liegt.

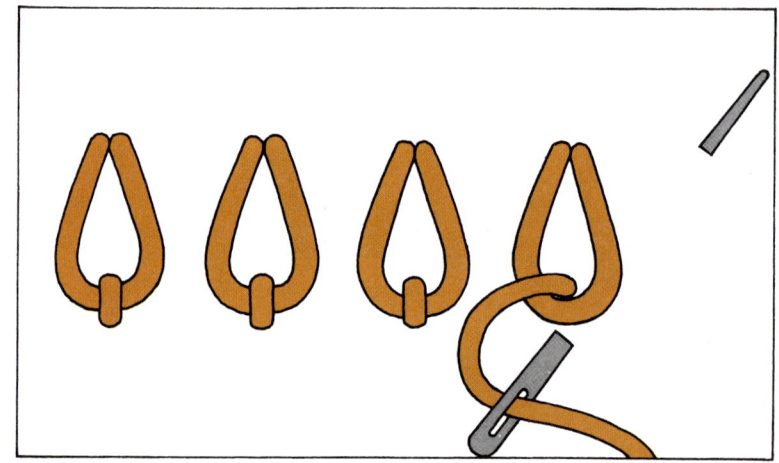

2 Nun wird der fertige Stich mit einem kleinen Überfangstich befestigt und die Nadel danach in einiger Entfernung zum Beginn eines neuen Margeritenstiches schräg nach oben wieder ausgestochen.

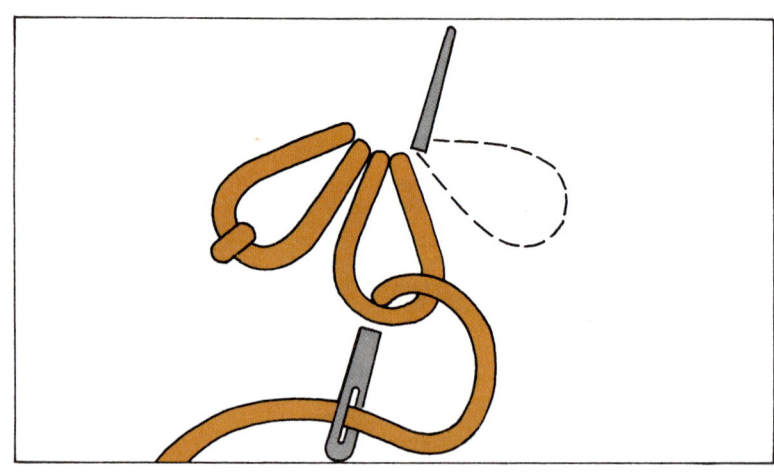

3 Den Margeritenstich kann man einzeln oder zu einer kleinen Gruppe angeordnet ausführen. Beim Sticken eines Musters sollte dabei der Einfachheit halber nach einer genauen Vorzeichnung gearbeitet werden.

Beim Margeritenstich handelt es sich um einen einzelnstehenden Kettenstich, der am Schlingenende durch einen kleinen Überfangstich befestigt wird. Der Margeritenstich kann nebeneinander, über- oder untereinander und auch kreisförmig zu Blütensternen angeordnet werden, es lassen sich mit ihm sogar hübsche Ornamente ausführen. Der Margeritenstich sollte gleichmäßig und nicht zu stramm gestickt werden, wobei für bestimmte Formen die Stickerei entsprechend gedreht werden muß. Er läßt sich sehr gut mit anderen Stichen, wie Stiel- und Knötchenstich, kombinieren.

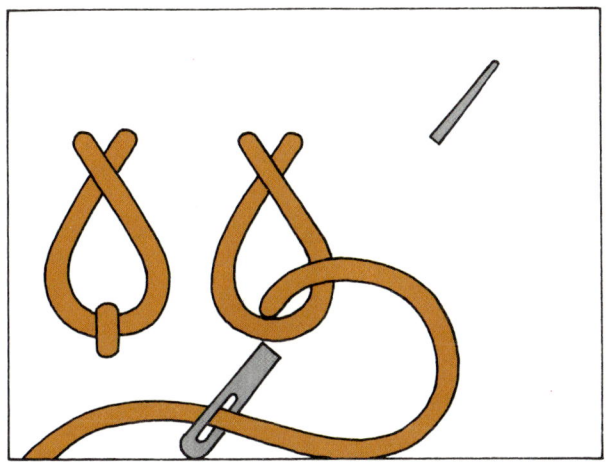

4 Eine Variation des Margeritenstiches ist der verschränkte Margeritenstich, bei dem sich die Fäden kreuzen. Die Nadel zu Beginn an der gewünschten Stelle ausstechen.

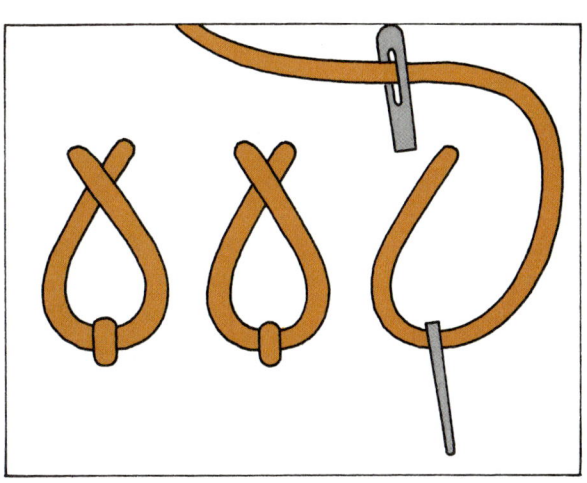

5 Auf gleicher Höhe der Ausstichstelle nach links wieder einstechen, wobei der Arbeitsfaden nach oben hin überkreuzt zur Schlinge gelegt werden muß.

6 Hier wurden sechs Margeritenstiche kreisförmig zu einer geometrischen Blüte angeordnet. Während der Ausführung muß die Stickerei mehrmals gedreht werden.

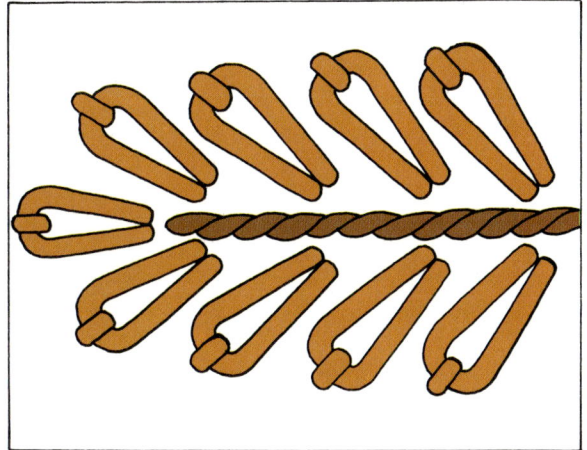

7 Passend zur Blüte wurde ein Blatt aus einzelnen, größer werdenden Margeritenstichen gearbeitet. Die Blattader ist mit andersfarbigen Stielstichen gestickt.

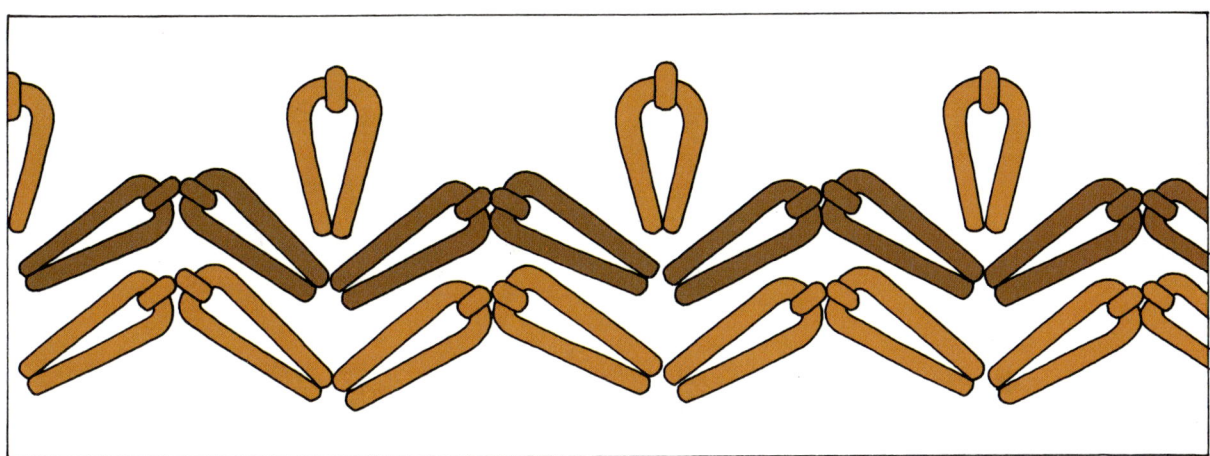

8 In zwei Farben wurde dieses einfache Ornament gestickt. Man beginnt mit einer Reihe von Margeritenstichen in Zickzackform und setzt die zweite Reihe in kleinem Abstand darüber. In jede „Zacke" wird ein einzelner Margeritenstich gesetzt. Dieses Muster läßt sich beliebig variieren. Während der Arbeit muß die Stickerei mehrmals gedreht werden.

11

SCHLING-STICH (FESTON-ODER LANGETTEN-STICH)

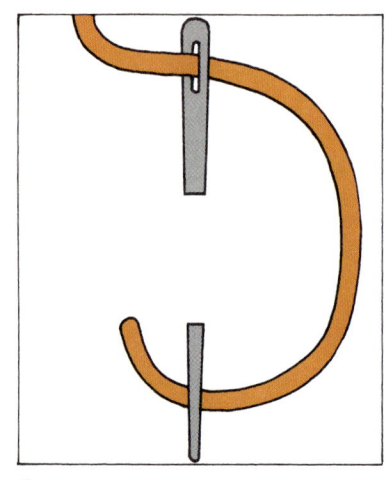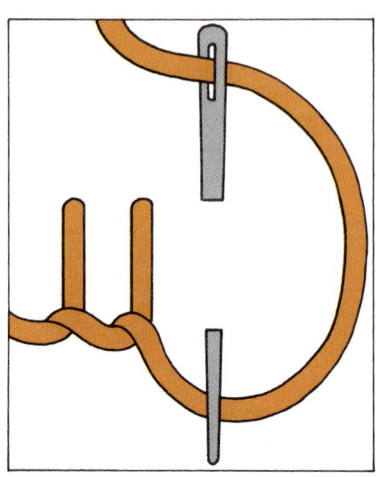

1 _Beim geraden Schlingstich_ an der gewünschten Stelle ausstechen, die Nadel nach rechts oben einstechen und im Abstand der Stichhöhe senkrecht ausstechen. Der Faden liegt unter der Nadelspize.

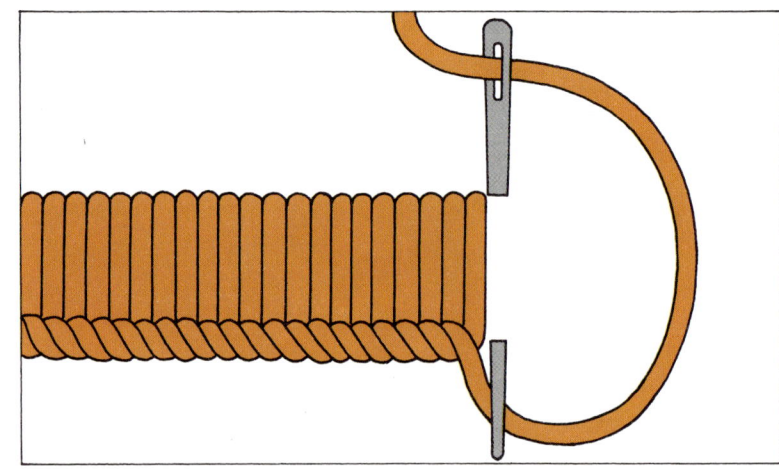

2 Wird der gerade Schlingstich eng aneinandergesetzt, so können damit schlichte Abschlußkanten eingefaßt werden, die durch die dichte Folge der geraden Schlingstiche besonders fest und strapazierfähig werden.

Der Schlingstich, auch Feston- oder Langettenstich genannt, wird von links nach rechts gearbeitet. Die Stiche werden dabei in kleinen Abständen oder dicht nebeneinander angeordnet. Sie werden gerade, gebogen, geschwungen oder in Runden ausgeführt, wobei der Arbeitsfaden so unter die Nadelspitze gelegt wird, daß beim Straffziehen des Fadens eine Schlinge entsteht. Der Schlingstich wird gern zum Einfassen von Abschlußkanten an Bett- oder Tischwäsche verwendet oder zusammen mit einer hübschen Stickerei als modisches Beiwerk an zarten Blusen oder duftigen Kleidern und Röcken ausgeführt.

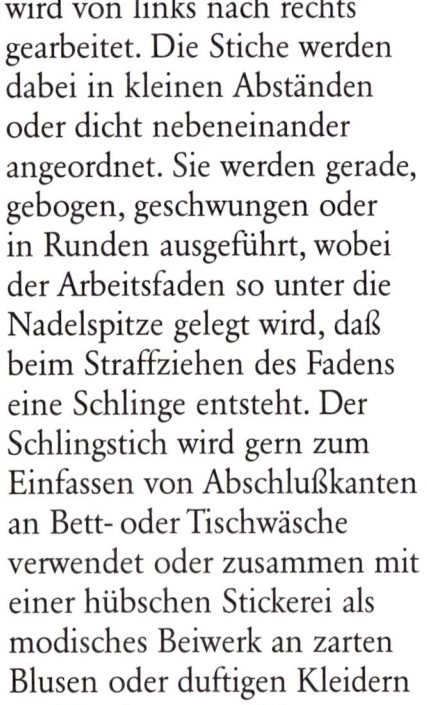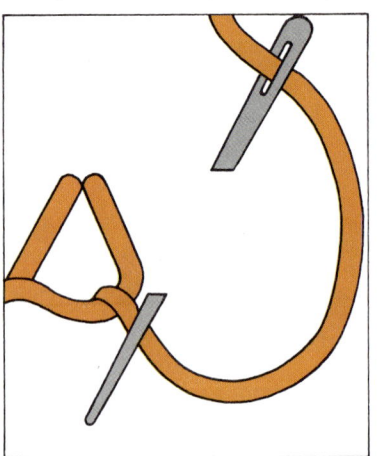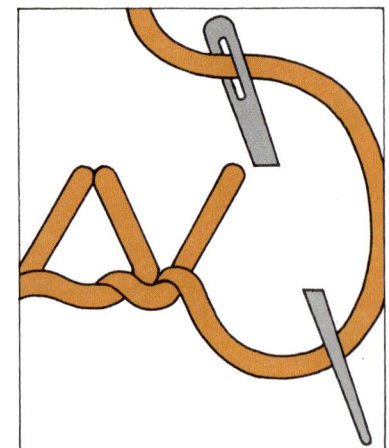

3 _Der geschlossene Schlingstich_ wird in kleinen Dreiecken gearbeitet. Die Nadel sticht dabei abwechselnd einmal schräg von rechts oben nach links unten und anschließend von links oben nach rechts unten.

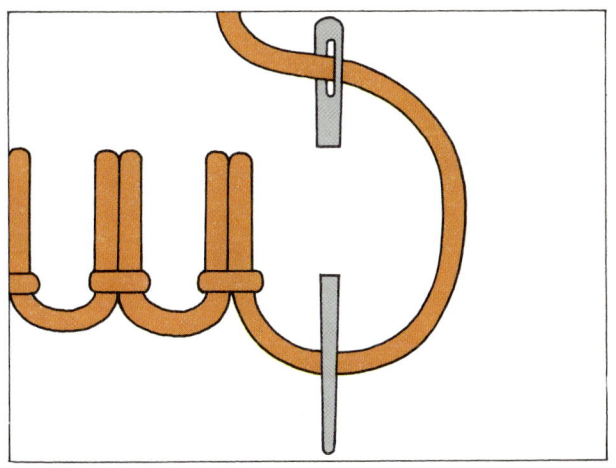

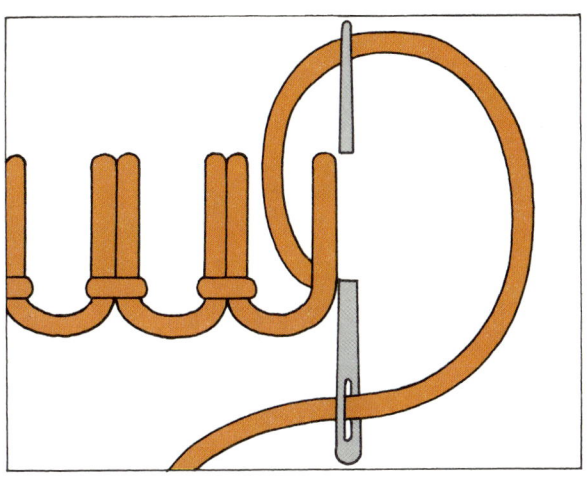

4 _Der doppelte Schlingstich_ wird zu Beginn wie der gerade Schlingstich gearbeitet. Die Nadel wird dabei senkrecht von oben ein- und nach unten ausgestochen.

5 Den zweiten Stich von unten nach oben neben dem ersten Stich ausführen, den Arbeitsfaden links aufwärts zur Schlinge legen und den Faden durchziehen.

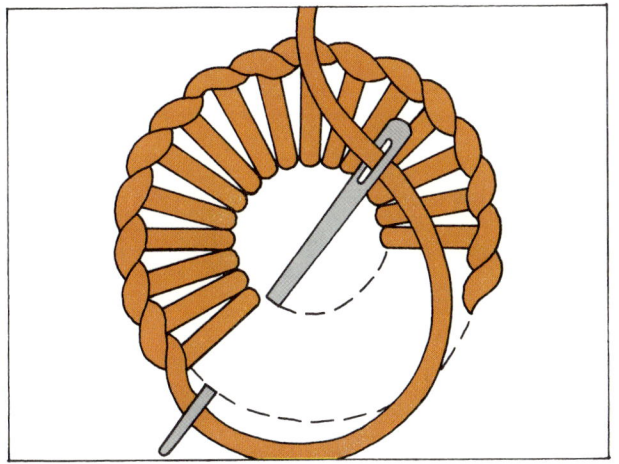

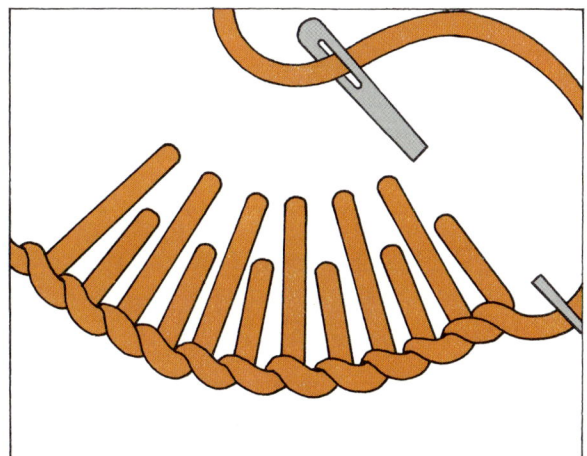

6 Wird der Schlingstich in Runden gearbeitet, so sticht die Nadel strahlenförmig von innen nach außen. Die Stickerei dabei drehen. Vorher beide Kreise markieren.

7 _Den abgestuften Schlingstich_ geschwungen oder gerade arbeiten. Die Einstiche erfolgen in unterschiedlichen Höhen, so daß lange und kurze Stiche entstehen.

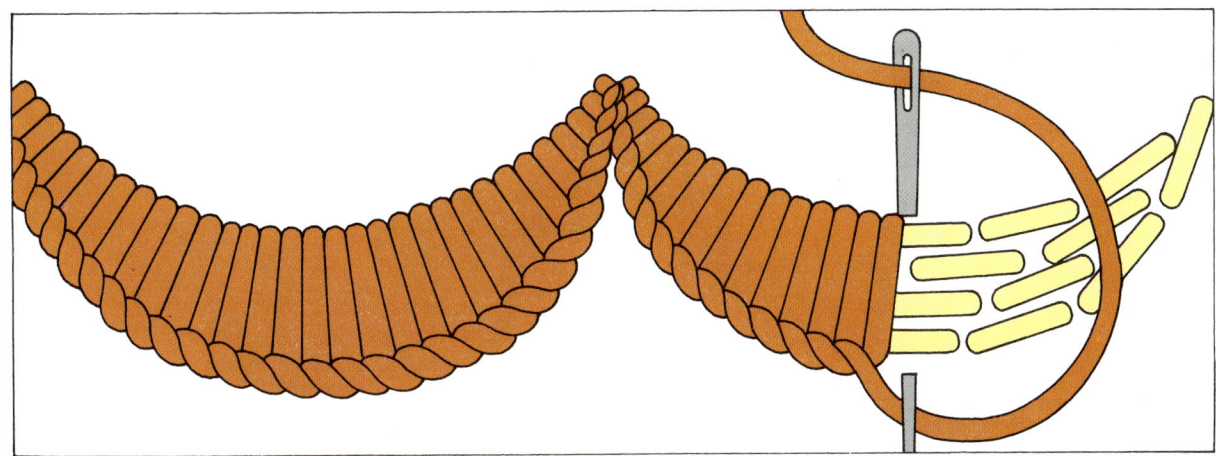

8 _Wird ein Langettenrand aus Rundbögen gearbeitet_, so geschieht das nach einer genauen Vorzeichnung. Die geschwungenen Konturen werden mit Vorstichen gekennzeichnet und die Flächen damit ausgefüllt. Die darübergestickten Schlingstiche müssen zu den Seiten hin leicht abgestuft werden.

12
KNÖTCHEN- UND WICKELSTICH

Der Knötchen- und der Wickelstich sind zwei Zierstiche, die plastisch auf dem Stoff liegen und gern in Verbindung mit anderen Stichen ausgeführt werden. Beide Stiche gehören in die Gruppe der geknoteten Stiche und entstehen durch ein- oder mehrmaliges Umwinden der Nadel mit dem Arbeitsfaden, wobei die Größe der jeweiligen Stiche von der Häufigkeit der Fadenumwindungen abhängt. Beide Stiche verwendet man gern für das Innere von Blütenkelchen, die Blütenblätter selbst werden dabei im Plattstich ausgeführt. Der Knötchenstich kann, ebenso wie der Wickelstich, einzeln, in Reihen, in Gruppen, senkrecht, waagerecht, diagonal oder kreisförmig angeordnet werden, dabei empfiehlt es sich, bei der Ausführung des Wickelstiches eine Nadel mit kleinem Nadelöhr zu verwenden, um mühelos durch die Fadenwindungen zu gleiten.

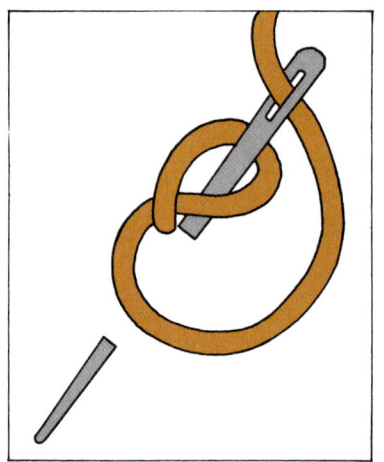
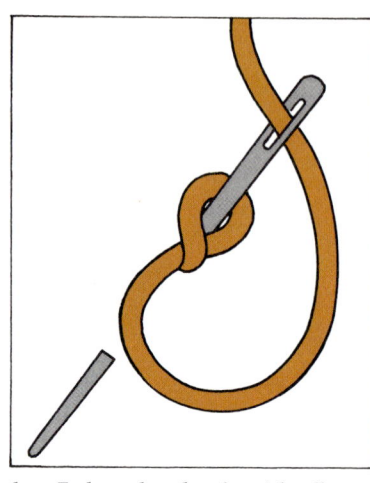

1 *Für den einfachen Knötchenstich ausstechen, Faden neben der Ausstichstelle zu einer Schlinge legen, Nadel durch die Fadenschlinge führen, einstechen und die Fadenschlinge sorgfältig anziehen.*

2 *Die Nadel durchziehen, so daß ein fertiges Knötchen entsteht. Für die weiteren Knötchen den gleichen Arbeitsgang wiederholen, dabei die Knötchenstiche in gleichmäßigen Abständen voneinander arbeiten.*

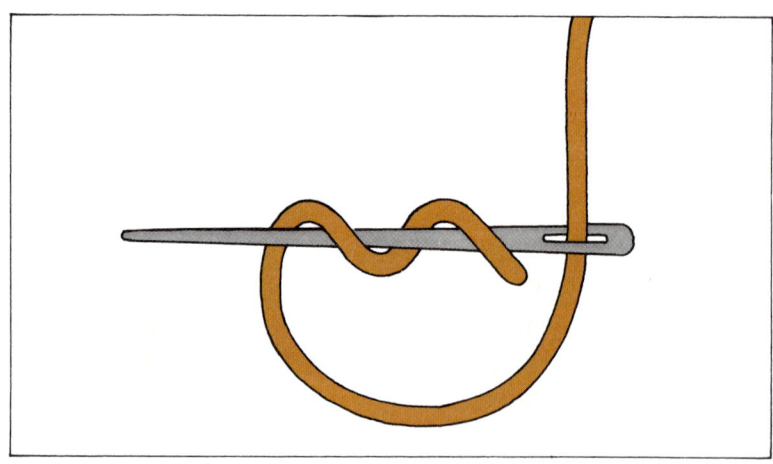

3 *Für den doppelten Knötchenstich an der gewünschten Stelle durchstechen. Faden zweimal lose von vorn nach hinten um die Nadel winden. Faden mit Daumen und Zeigefinger der linken Hand festhalten.*

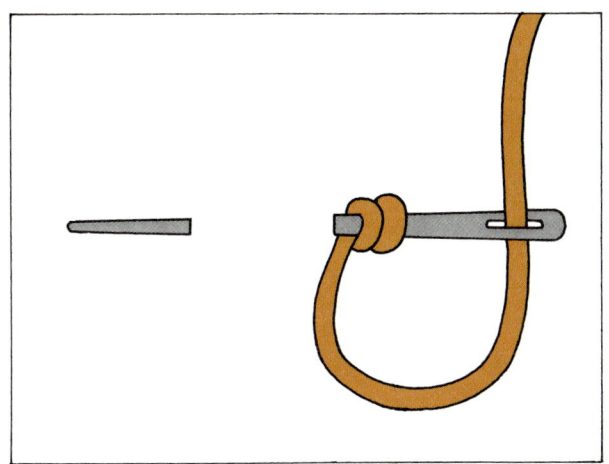

4 *Faden weiterhin festhalten, Nadelspitze zur Ausstichstelle zurückführen, dicht daneben einstechen und danach in gewünschtem Abstand wieder ausstechen.*

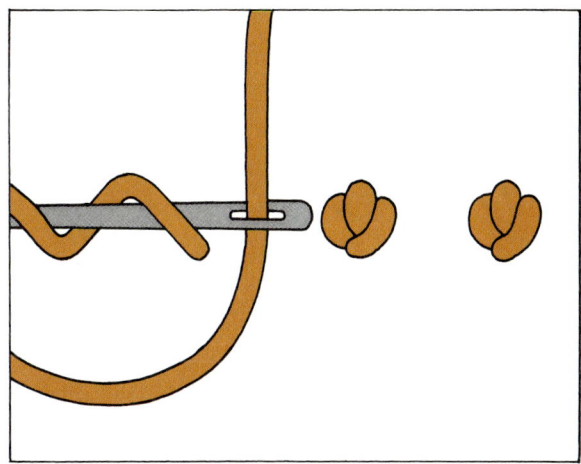

5 *Faden zum Knötchen zusammenziehen. Die darauffolgenden Knötchen auf gleiche Weise arbeiten. Für größere Knoten Faden dreimal um die Nadel winden.*

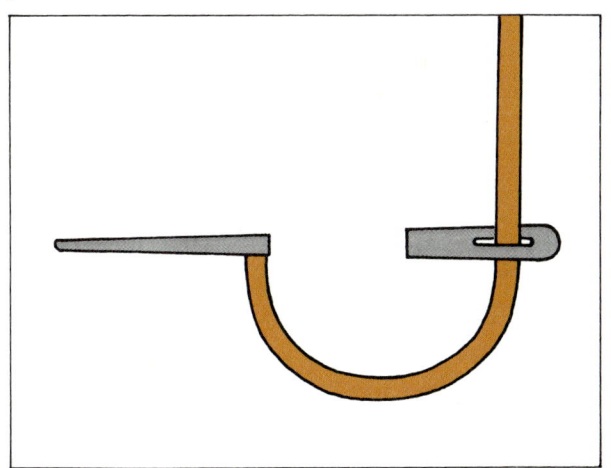

6 *Beim Wickelstich von unten ausstechen. Einen Rückstich in der gewünschten Länge des Wickelstiches beginnen. Den Arbeitsfaden dabei aber nicht durchziehen.*

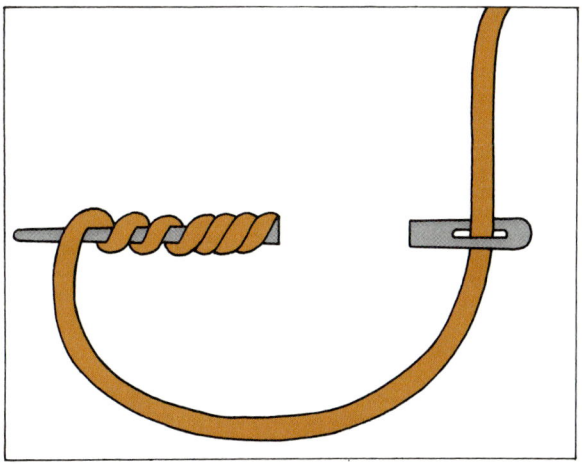

7 *Arbeitsfaden der Stichlänge entsprechend von oben nach unten um die Nadel winden. Fadenwindungen mit den Fingern der linken Hand vorsichtig festhalten.*

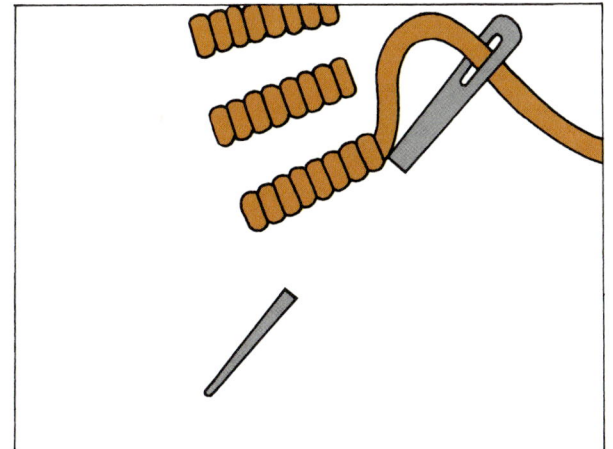

8 *Nadel durch die Umwindungen ziehen und zur ersten Einstichstelle zurückführen. Nadel einstechen und zum nächsten Stich in kleinem Abstand diagonal ausstechen.*

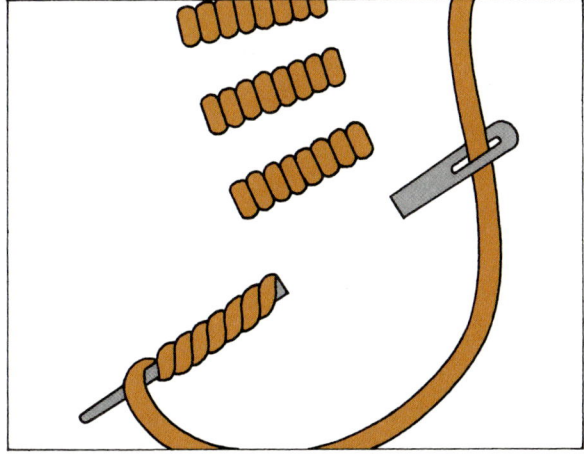

9 *Arbeitsgang von Abbildung 6 und 7 wiederholen. Auf diese Weise die Wickelstiche exakt nebeneinandersetzen. Zum Sticken eine Nadel mit feinem Öhr nehmen.*

13
MAKRAMEE-STICH

Der Makrameestich, auch als „Palästrinastich" bekannt, wird von oben nach unten oder von links nach rechts gearbeitet. Durch seinen plastischen Effekt verwendet man ihn gern für Konturen oder zum Füllen schmaler, gestreckter Flächen. Die Stiche können in dichten, gleichmäßigen Abständen untereinanderliegen, wobei sie besonders plastisch aussehen, wenn mit dickem Garn gestickt wird. Sollen die Knoten in größeren Abständen erfolgen, so werden die dafür erforderlichen Spannstiche länger gearbeitet. Die fertigen Stichreihen können dabei, je nach Neigung der Nadel, eine unterschiedliche Wirkung erhalten.

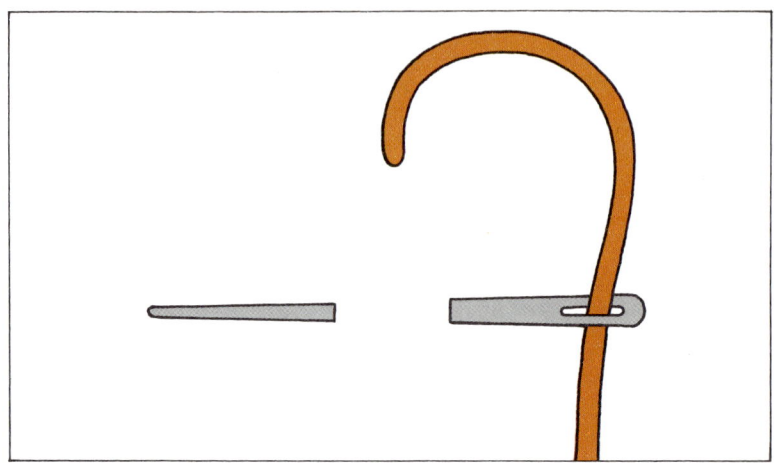

1 *Die Nadel sticht nach oben aus und wird anschließend diagonal nach rechts unten geführt. Die Nadel einstechen und dabei nach links waagerecht zur Oberseite führen. Danach den Arbeitsfaden leicht anziehen.*

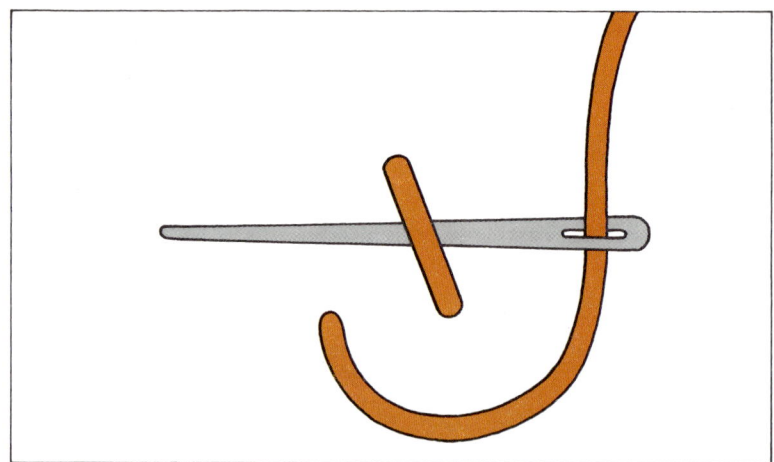

2 *Die Nadel, ohne das Gewebe zu erfassen, von rechts unter dem entstandenen Spannstich durchziehen und den Arbeitsfaden zu einer Schlinge legen. Schlinge mit dem linken Daumen festhalten.*

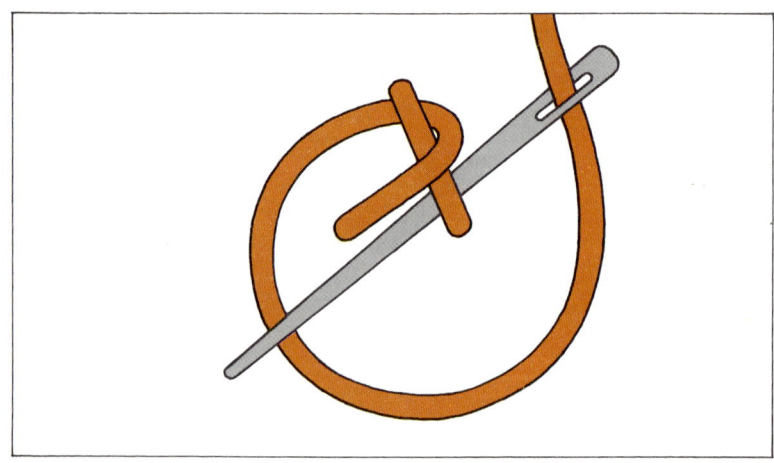

3 *Danach die Nadel ein zweites Mal unter dem Spannstich durchführen, auch dabei das Gewebe nicht erfassen. Die Nadel über den zur Schlinge gelegten Arbeitsfaden führen und nicht zu stramm durchziehen.*

4 Für den zweiten Stich Arbeitsgang wiederholen. Die Nadel diagonal nach rechts unten führen, dabei den Spannstich dicht unter dem fertigen Makrameestich beginnen.

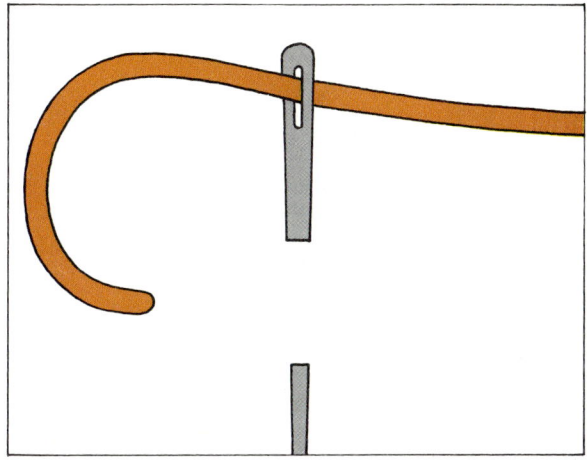

6 Wird der Makrameestich von links nach rechts ausgeführt, so sticht die Nadel links aus und wird danach diagonal zum Einstich nach rechts oben geführt.

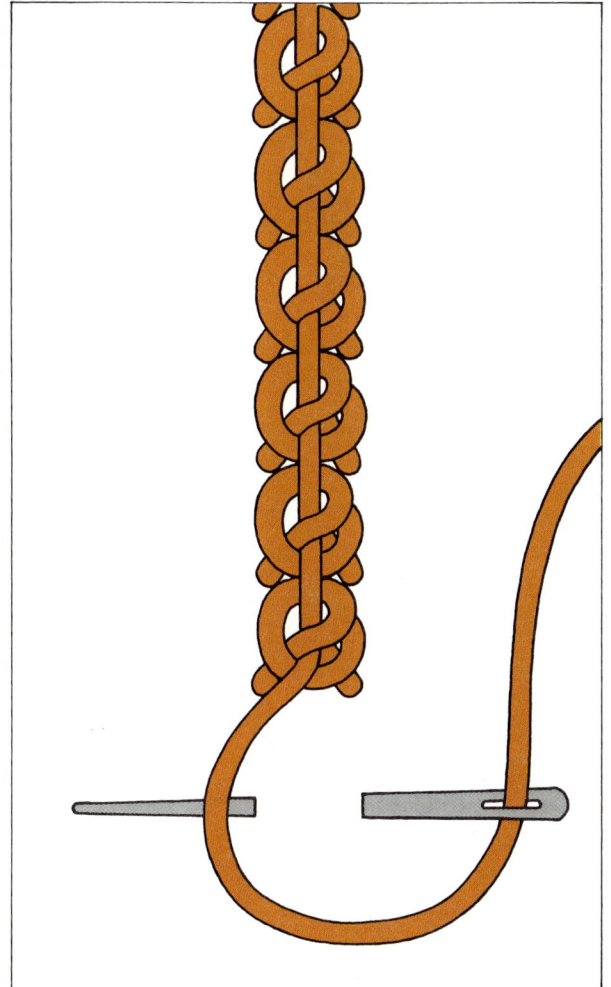

5 Die Abbildung zeigt eine Reihe von dichten, gleichmäßigen Makrameestichen. Bei Ausführung mit dickem Garn oder Wolle sieht dieser Stich besonders plastisch aus.

7 Nun die Nadel von rechts oben, ohne das Gewebe zu erfassen, unter dem entstandenen Spannstich hindurchführen. Den Arbeitsfaden zur Schlinge legen.

8 Arbeitsgang von Abbildung 3 wiederholen. Sollen die Knoten in kleinen Abständen voneinander ausgeführt werden, den Spannstich entsprechend länger arbeiten.

14

FLACH- ODER PLATTSTICH

Der Plattstich wird bei geraden, länglichen oder runden Formen angewendet, die als freie Konturenzeichnungen auf den Stoff übertragen werden. Er besteht aus dicht aneinandergelegten Stichen, die entweder in gerader oder schräger Lage die Formen bedecken, wobei breite Motive durch Aufteilung der Flächen unterbrochen werden. Der Plattstich ist zwar einfach zu sticken, doch kommt es darauf an, die Stiche gleichmäßig anzuordnen, so daß die Struktur glatt und seidig wie Satin erscheint. Man wendet den Plattstich vorwiegend in der Bunt- und Weißstickerei an. Da er im Rahmen gestickt werden sollte, können die Stiche von links nach rechts, von rechts nach links oder von oben nach unten ausgeführt werden. Der Plattstich läßt sich besonders gut mit anderen Stichen wie Stiel-, Stepp-, Knötchen-, Wickel- oder Kettenstich kombinieren.

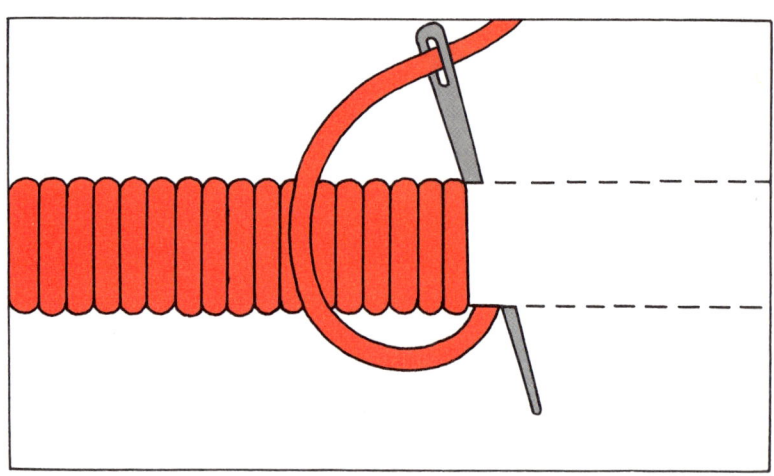

1 *Die Nadel auf der unteren gestrichelten Linie ausstechen, senkrecht zur oberen Kontur führen, einstechen und direkt neben der letzten Ausstichstelle wieder ausstechen. Dabei die Stiche exakt nebeneinandersetzen.*

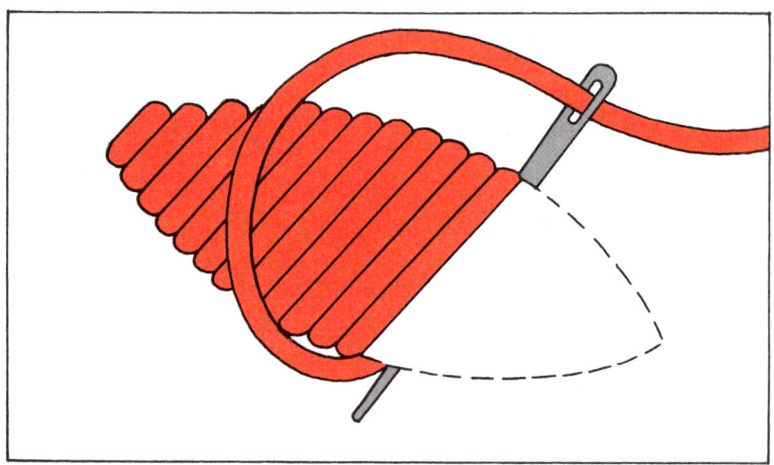

2 *Bei schmalen, länglichen Blattformen beginnt man mit kleinen Stichen an der Blattspitze, wird zur Mitte hin breiter und führt die Stiche gleichmäßig in schräger Lage bis zum gegenüberliegenden Blattende fort.*

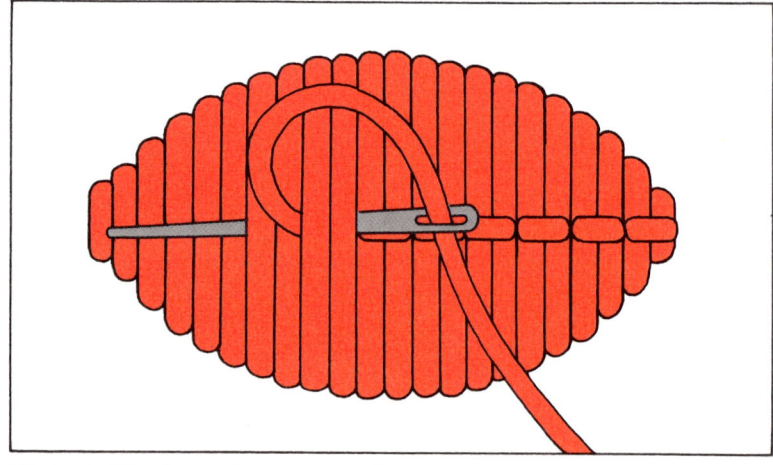

3 *Breite Blattformen kann man auf diese Weise unterteilen: Man legt die Stiche senkrecht nebeneinander und überstickt sie danach in der Mitte mit kleinen Steppstichen, die dabei gleichzeitig wie eine Blattader wirken.*

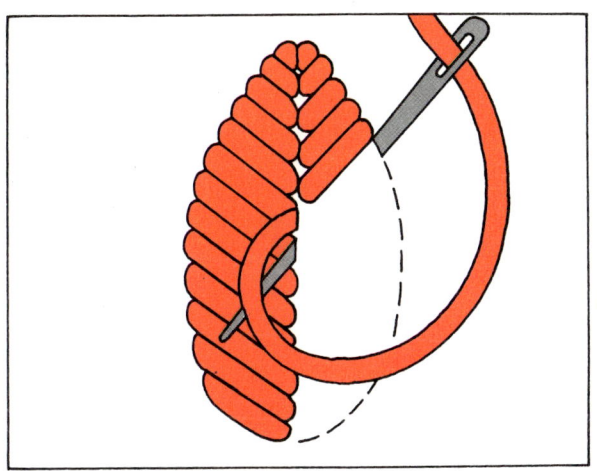

4 Hier wird die Blattform unterteilt, indem die erste Hälfte der Stiche nur bis zur Mittellinie ausgeführt ist. Die zweite Blatthälfte wird dann gegengleich gearbeitet.

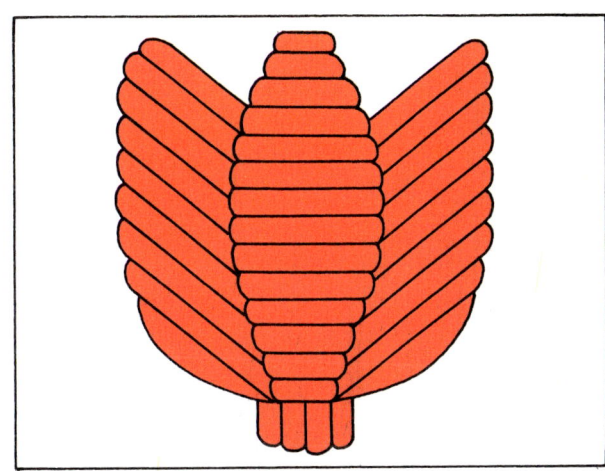

5 Durch geschickte Anordnung der Stiche wird bei dieser Blüte eine plastische Wirkung erzielt. Die Stiche wurden in vier verschiedenen Stickrichtungen ausgeführt.

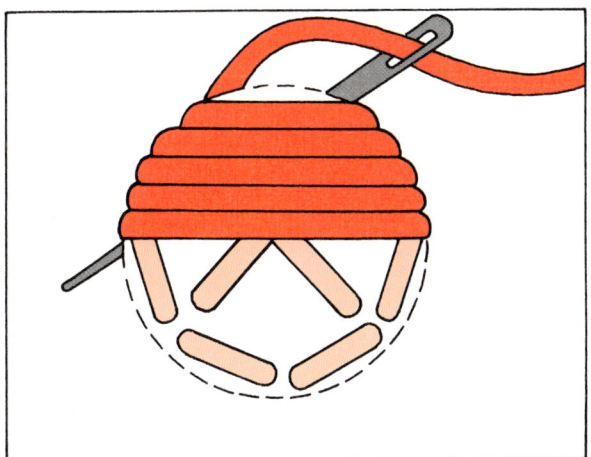

6 Kreise werden von der Mitte aus gestickt. Dabei wird der letzte Randstich so eingestochen, daß die Ausstichstelle neben dem ersten mittleren Stich erfolgt.

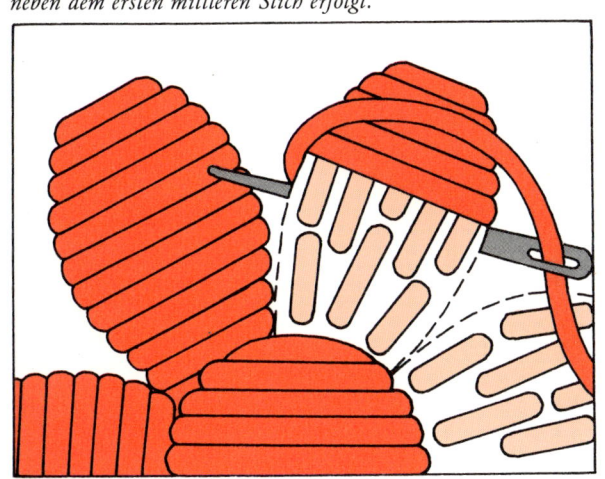

7 Die Blütenblätter werden zuerst mit kleinen Vorstichen unterlegt, wobei die Vorstiche in entgegengesetzter Richtung zu den Plattstichen gearbeitet werden.

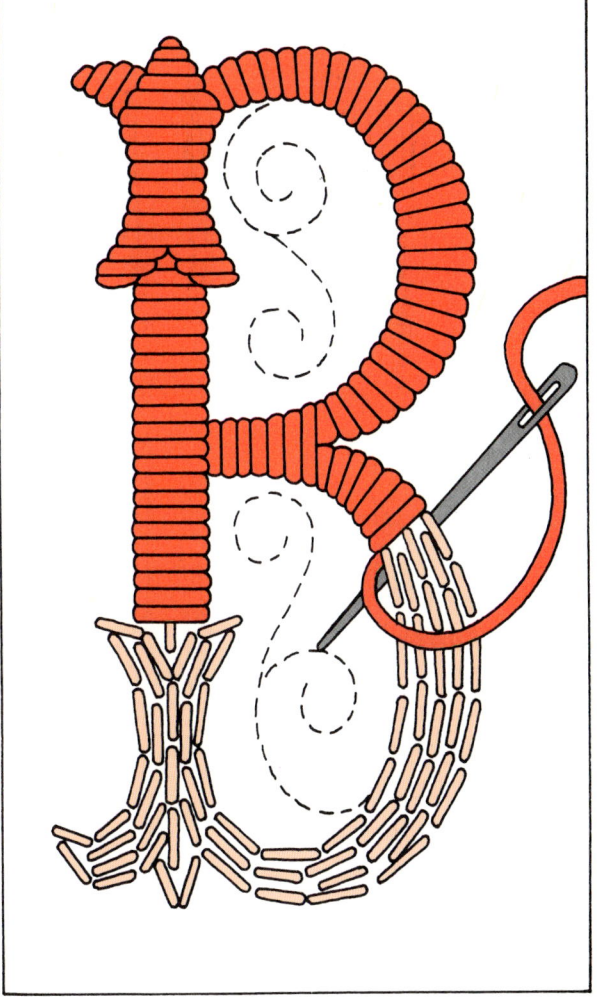

8 Mit Vorstichen wird auch dieses Initial unterlegt. Die Stichlage paßt sich dem Verlauf der Formen an. Die gestrichelten Konturen werden in feinen Stielstichen gestickt.

15

NADEL-MALEREI

(INEINANDERGREIFENDER PLATTSTICH)

SPALTSTICH

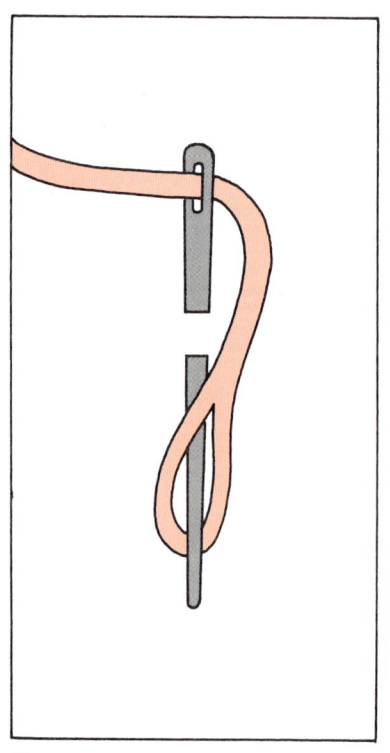

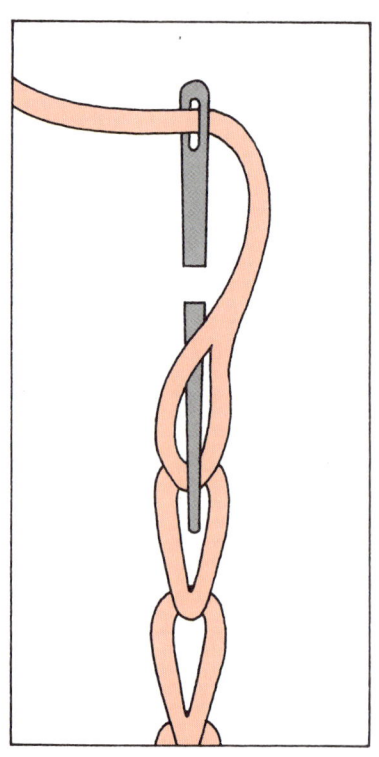

1 *Den Spaltstich von links nach rechts oder von unten nach oben sticken. Beim Ausstich Faden spalten.*

2 *Er eignet sich als Konturenstich, aber auch zum Unterlegen von geraden und gebogenen Rändern.*

Bei der Nadelmalerei handelt es sich, wie der Name schon sagt, um „Malen mit Nadel und Faden". Der sonst beim Malen übliche weiche Verlauf von Farben wird hier durch ineinandergreifende Plattstiche erzielt, so daß die Stickgarn-farben in sanften und zarten Schattierungen ineinander übergehen. Bevor man mit einer schwierigen Stickerei beginnt, sollte man die Nadelmalerei erst etwas üben, wobei sich die Farben ruhig kräftig voneinander unter-scheiden dürfen. Die Ränder können dabei vorher im Spalt-stich gearbeitet und danach im Plattstich überstickt wer-den, so daß sich eine saubere Außenkontur bildet.

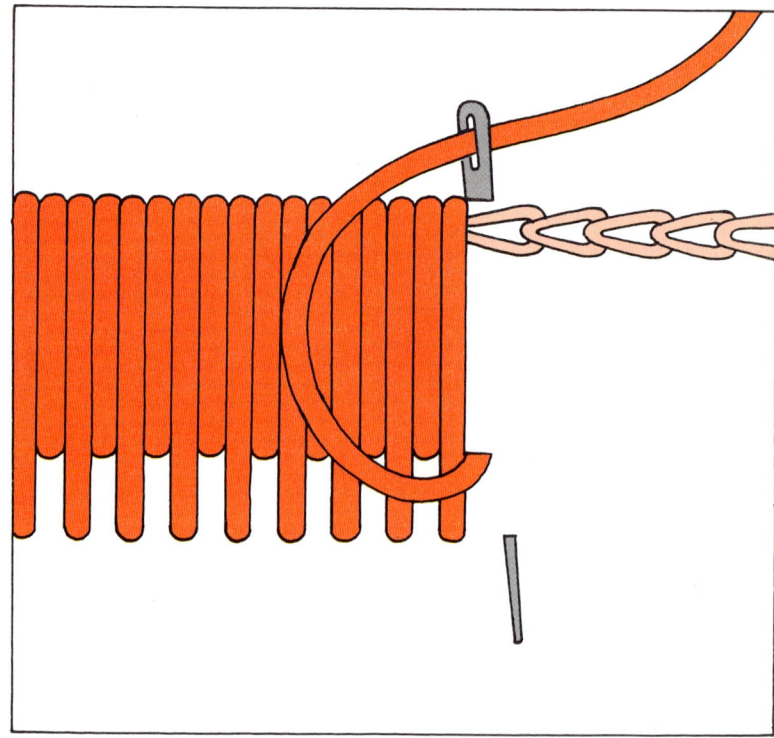

3 *Zum Üben der Nadelmalerei beginnt man mit einer Reihe von kleinen Spalt-stichen und überstickt diese danach mit langen und kürzeren Plattstichen in gleichmäßigen Abständen. Dabei stets im Rahmen sticken.*

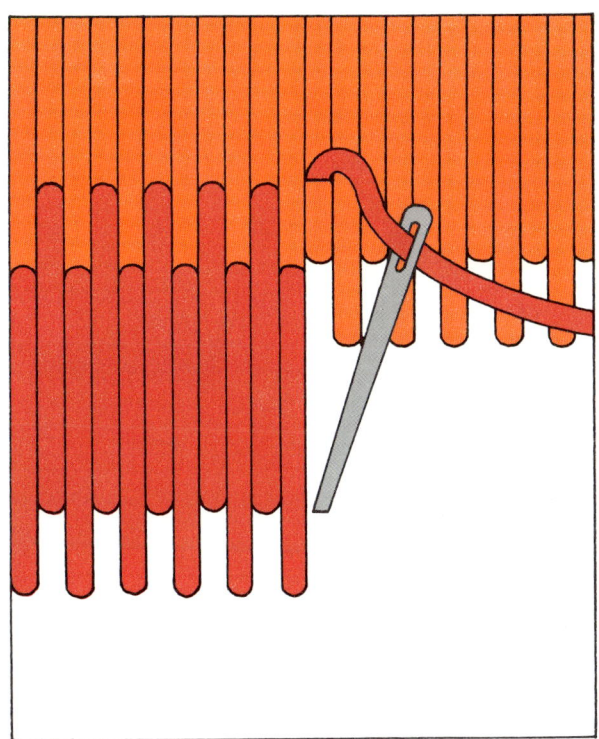

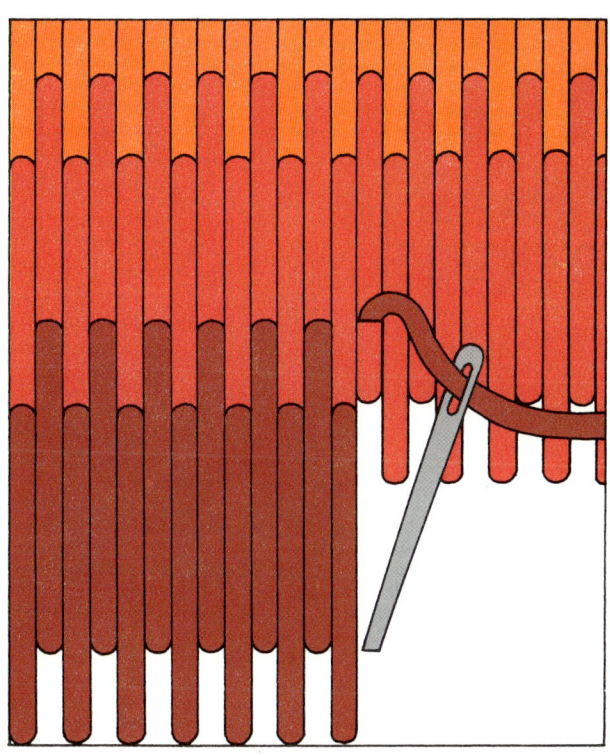

4 Bei der zweiten Reihe wird die Farbe um eine Schattierung verändert. Die Stiche greifen in die langen und kurzen Stiche der Vorreihe und behalten die gleiche Länge.

5 Die dritte Reihe wird auf die gleiche Weise gearbeitet, wobei wieder die Farbe gewechselt wird und die Stiche bei gleicher Stichlänge in die Stiche der Vorreihe greifen.

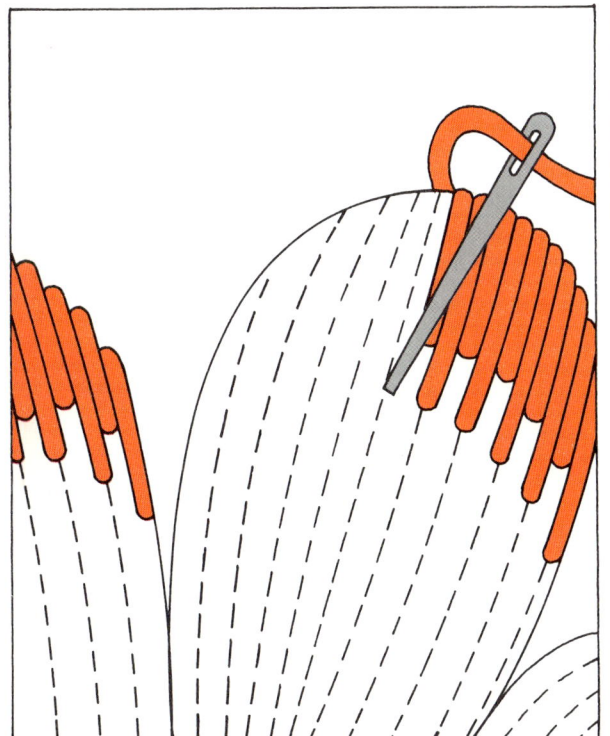

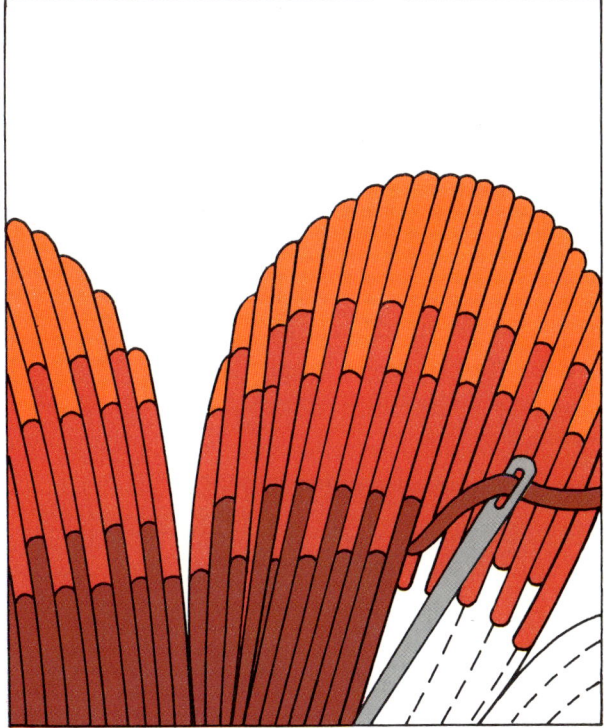

6 Bei geschwungenen Blattformen zeichnet man sich dünne Richtungslinien auf den Stoff vor und arbeitet gleichmäßig von der Mitte hin abwärts nach beiden Seiten.

7 Die folgenden Reihen werden in zarten Farbabweichungen gestickt, die Stiche nach unten hin schmaler gefächert und einige Stiche zum Schluß ausgelassen.

16
SPANN-STICH

Der Spannstich wird gern in Verbindung mit anderen Sticktechniken angewendet. Man kann die Spannstiche je nach Muster senkrecht, waagerecht, diagonal, strahlenförmig, einzeln, in Reihen oder Gruppen anordnen. Wichtig dabei ist, daß die Spannstiche dem Gewebe des Stoffes entsprechend nicht zu lang, auf keinen Fall aber zu lose gearbeitet werden sollten. Bei feinem Gewebe und dünnem Garn sind die Stichlängen wesentlich kürzer, bei schwerem Gewebe und dickem Stickmaterial länger auszuführen. Der Spannstich kann auf zählbarem Gewebe gearbeitet oder nach einer genauen Vorzeichnung auf nahezu allen dichten Geweben gestickt werden. Treffen drei Spannstiche gleicher Länge in einem Punkt zusammen, so spricht man bei dieser Anordnung auch von dem sogenannten „Farnkrautstich".

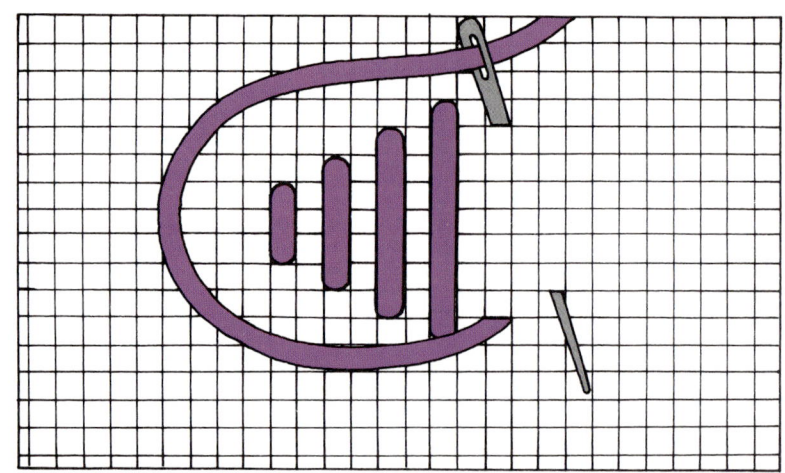

1 *Auf zählbarem Gewebe von unten her ausstechen, in gewünschter Stichlänge die Nadel senkrecht nach oben führen, einstechen und in veränderter Stichlänge wieder ausstechen. Den Faden nicht zu stramm anziehen.*

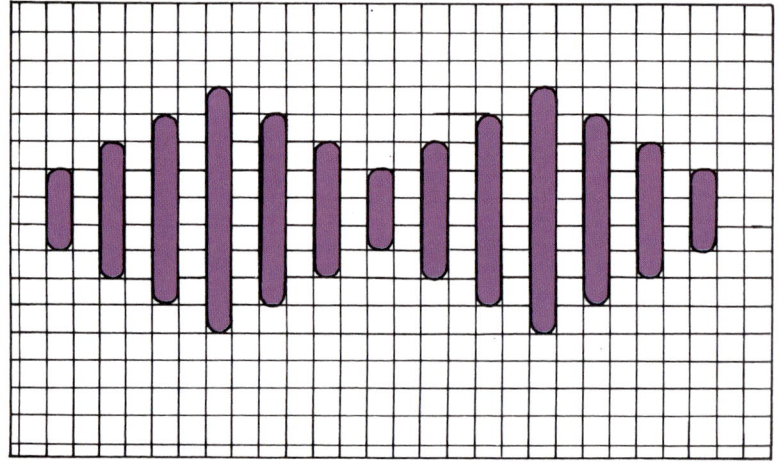

2 *Die Abbildung zeigt die Fertigstellung des Musters. Alle Stiche wurden mit einer Stichbreite Abstand gearbeitet, wobei die Spannstiche zur Mitte hin länger werden. Nicht zu fest und nicht zu lose arbeiten.*

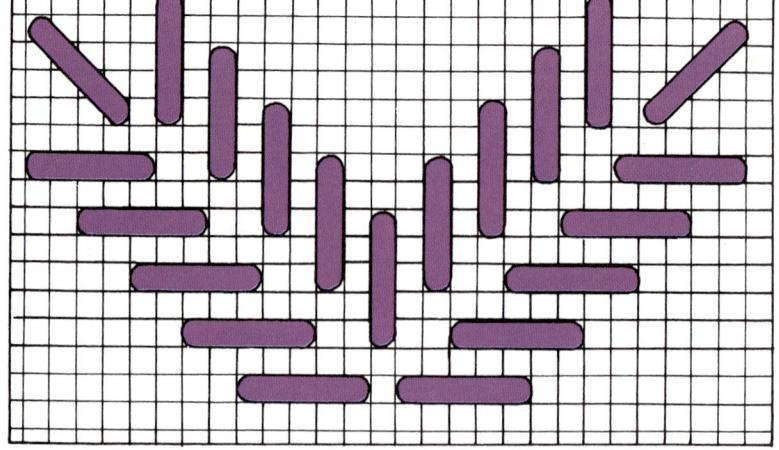

3 *Diagonal, senkrecht und waagerecht wurden hier die Spannstiche angewendet, so daß sich der Eindruck von Blättern ergibt. Es wird an der linken diagonalen Spitze begonnen und die Stickerei auch dort wieder beendet.*

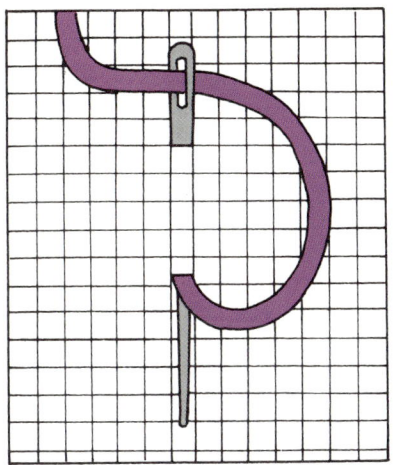

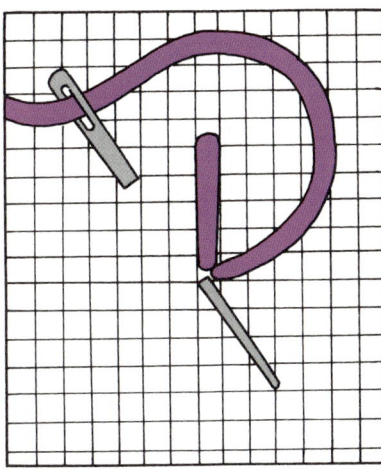

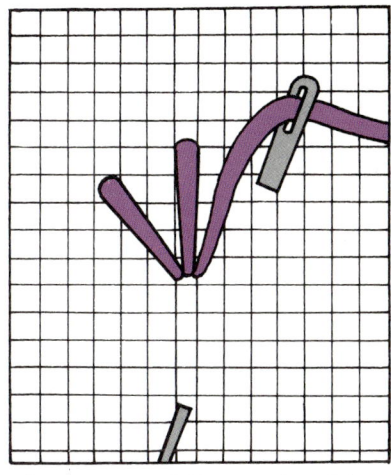

4 Beim Farnkrautstich die Nadel nach dem ersten ausgeführten Stich am gleichen Punkt wieder ausstechen.

5 Den zweiten Stich in einiger Entfernung links einstechen und am gleichen Ausgangspunkt wieder ausstechen.

6 Den dritten Stich zur rechten Seite einstechen, danach den Verbindungsstich zur nächsten Gruppe führen.

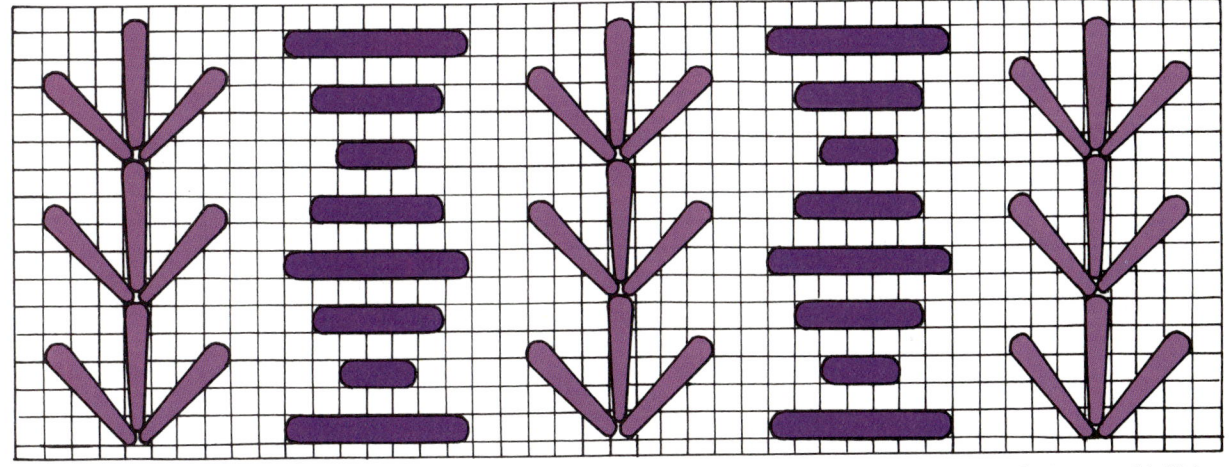

7 Bei diesem hübschen Beispiel wurden drei Farnkrautstich-Gruppen untereinander angeordnet und in einiger Entfernung zweimal wiederholt. Zwischen die drei Gruppen der Farn-

krautstiche wurden waagerechte Spannstiche in unterschiedlichen Längen und einer anderen Stickgarnfarbe gearbeitet. Das Muster kann beliebig variiert werden.

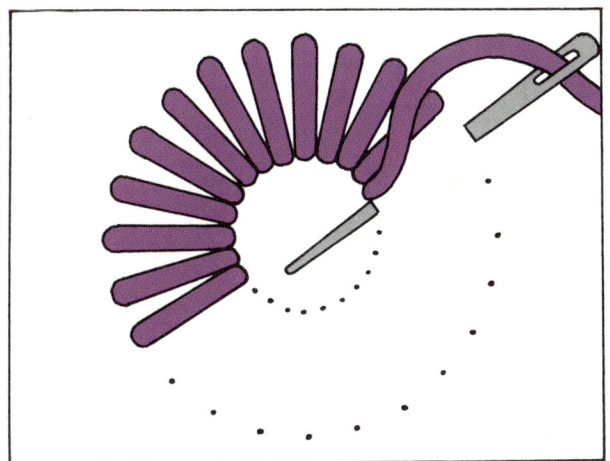

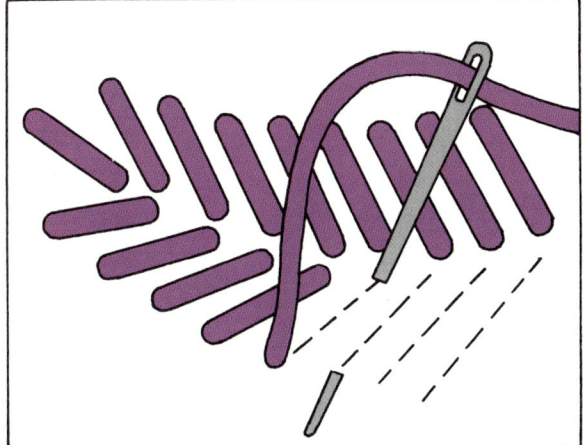

8 Für die Entstehung einer Blume werden die Spannstiche strahlenförmig angeordnet. Dabei wird auf den markierten Punkten vom Rand zur Mitte gearbeitet.

9 Bei der Ausführung dieses Blattes werden die Spannstiche in diagonaler Richtung gearbeitet. Hier werden die Stiche vom Außenrand zur Mitte gestickt.

17
GERADER PLATTSTICH ODER LONGSTICH

Der gerade Plattstich, auch Longstich genannt, wird mit dicht aneinanderliegenden senkrechten Stichen in hin- und hergehenden Reihen gestickt und bedeckt dabei das Grundgewebe vollständig. Man arbeitet den geraden Plattstich nach einer genauen Zählvorlage oder nach einem auf das Gewebe gemalten oder vorgedruckten Muster. Die Sticktechnik eignet sich hervorragend für die Herstellung von Teppichen, Wandbehängen, Bildern oder Kissenbezügen. Beim geraden Plattstich lassen sich Linien, Zacken, Dreiecke oder Quadrate gut miteinander kombinieren, so daß sich daraus schöne graphische Muster ergeben. Um zu verhindern, daß die Stickfäden sich herausziehen, sollte der gerade Plattstich im allgemeinen über nicht mehr als fünf parallelliegende Fadenpaare greifen.

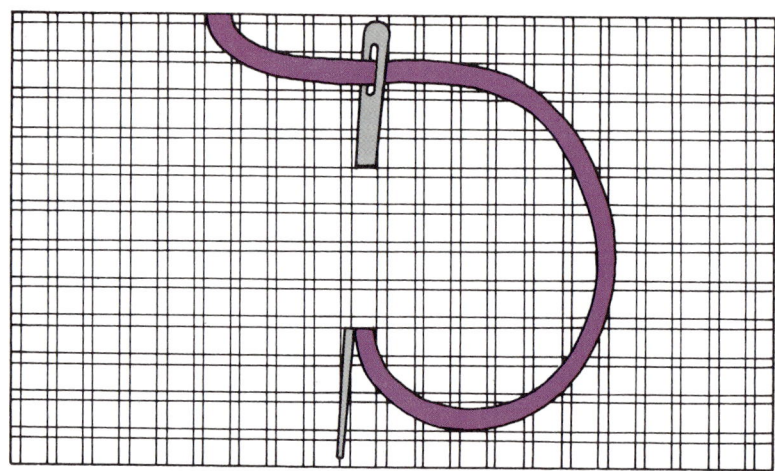

1 Von unten her im größeren Fadenkreuz ausstechen, den Faden nach rechts legen, in gewünschter Stichlänge senkrecht nach oben einstechen und links im kleinen Fadenkreuz ausstechen. Den Faden durchziehen.

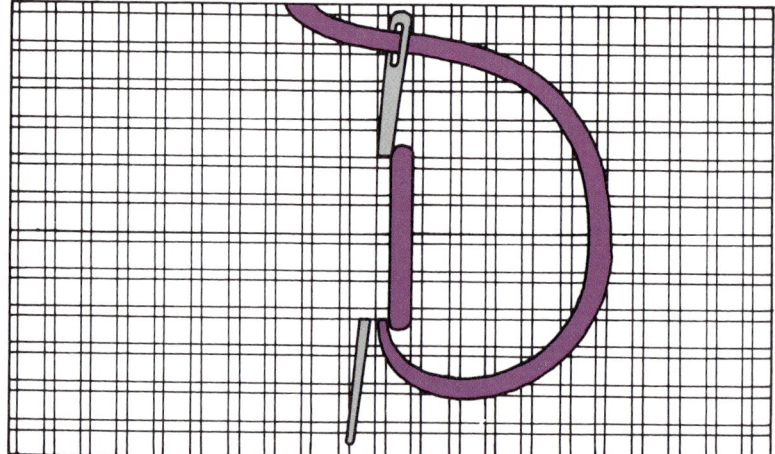

2 Den Stickvorgang wiederholen, wobei der Faden beim zweiten Stich aus dem kleinen Fadenkreuz kommt, senkrecht darüber eingestochen wird und schräg zum dritten, großen Fadenkreuz geführt wird.

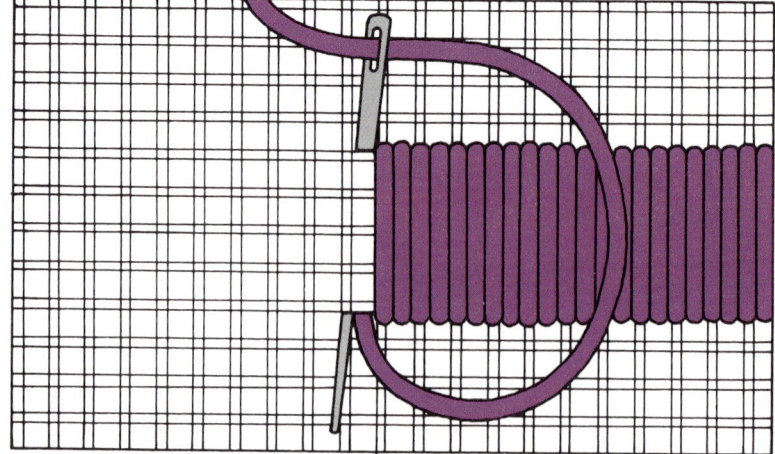

3 Auf diese Weise Stich für Stich aneinanderreihen, dabei abwechselnd jeweils in ein großes und kleines Fadenkreuz stechen. Die Stiche liegen senkrecht parallel nebeneinander und bedecken das Gewebe völlig.

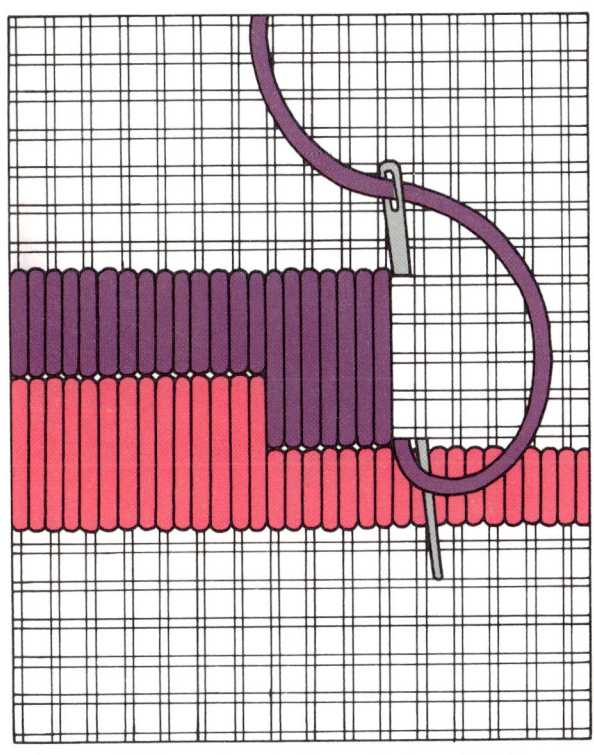 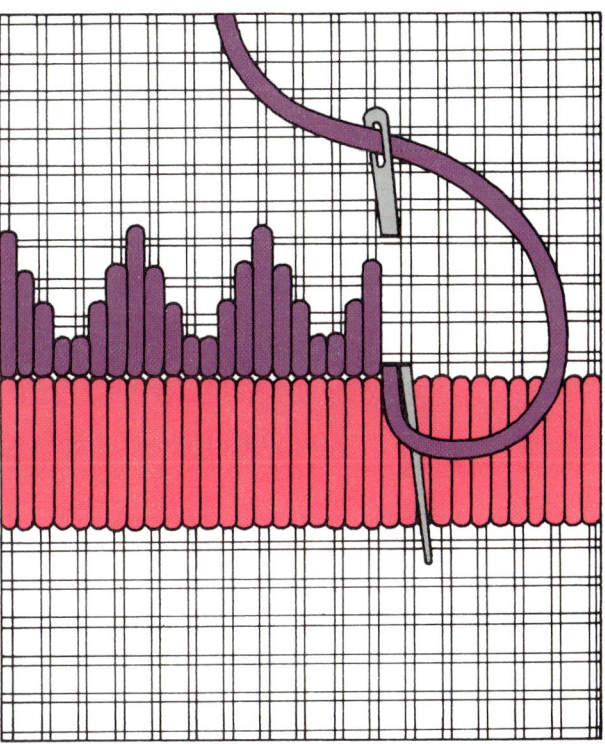

4 Die Abbildung zeigt, wie Muster, Farbe und Stichlänge wechseln. Die Stiche der zweiten Reihe haben das gleiche Ein- und Ausstichloch wie die Stiche der Vorreihe.

5 Hier entsteht ein einfaches Muster, indem die aneinandergereihten Stiche in unterschiedlichen Längen zur Vorreihe und in einer neuen Garnfarbe gearbeitet werden.

6 Das Beispiel zeigt, daß durch Zacken, gerade Linien und auf die Spitze gestellte Quadrate strenge graphische Flächen entstehen. Beim geraden Plattstich lassen sich so, durch Kombinationen von Farben und unterschiedlichen Stichlängen, hübsche ineinandergreifende Stickmuster, einzelne Figuren oder sogar ganze Landschaften bilden.

18
EINFACHER GOBELIN-STICH

(HALBER KREUZSTICH)

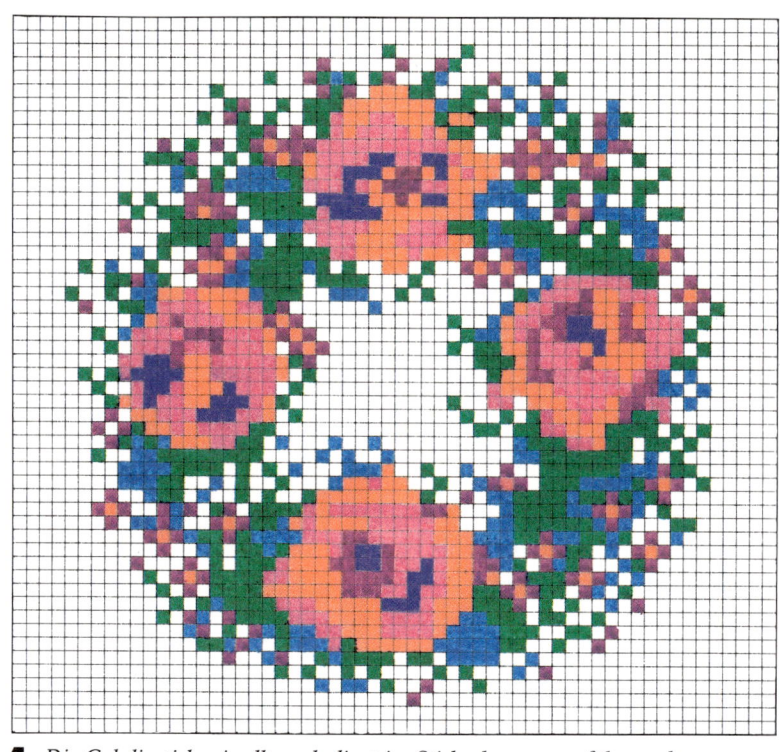

1 Die Gobelinstickerei sollte unbedingt im Stickrahmen ausgeführt werden. Gestickt wird im allgemeinen nach einem genauen Auszählmuster, wie unsere Abbildung mit dem hübschen Blumenkranz zeigt.

Die Gobelinstickerei entwickelte sich im 16. und 17. Jahrhundert, doch ist sie schon im 13. Jahrhundert bei mit Seide auf Leinen gestickten Altartüchern zu finden. Der einfache Gobelinstich, auch halber Kreuzstich genannt, wird heute vorwiegend auf ein- oder zweifädigem Stramin gearbeitet. Stramin wird auch häufig mit „Kanevas" bezeichnet. Das Wort stammt von dem lateinischen „cannabis" ab, was soviel wie Hanf bedeutet, der wegen seiner kräftigen Fasern ganz besonders haltbar ist. Man stickt den einfachen Gobelinstich mit Sticktwist oder Wolle. Wichtig dabei ist, daß die dicht aneinanderliegenden Stiche den Grundstoff vollständig bedecken.

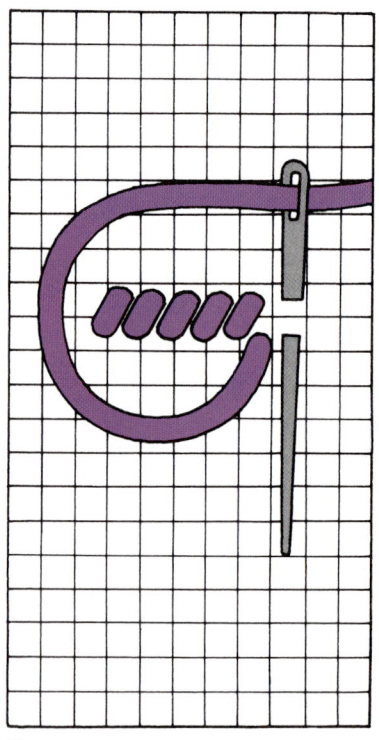

2 Den einfachen Gobelinstich, auch halber Kreuzstich genannt, über ein Gewebekreuz ausführen.

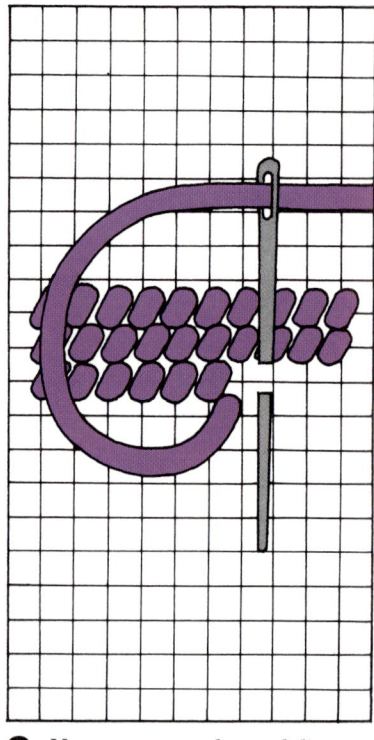

3 Von unten ausstechen und die Nadel schräg über ein Gewebekreuz zum nächsten Stich führen.

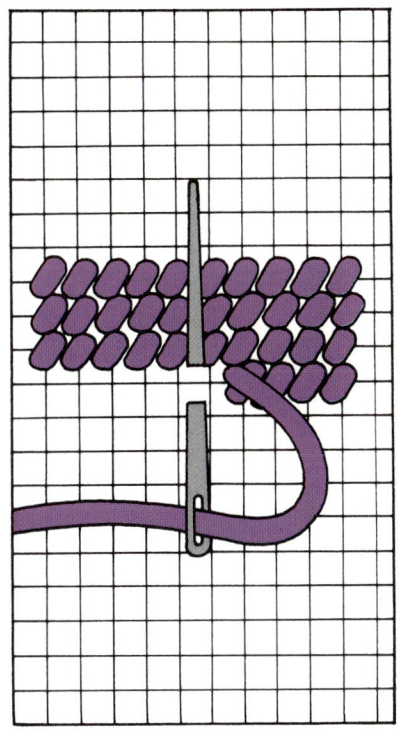

4 Der einfache Gobelinstich wird dicht aneinanderliegend in hin- und hergehenden Reihen gestickt.

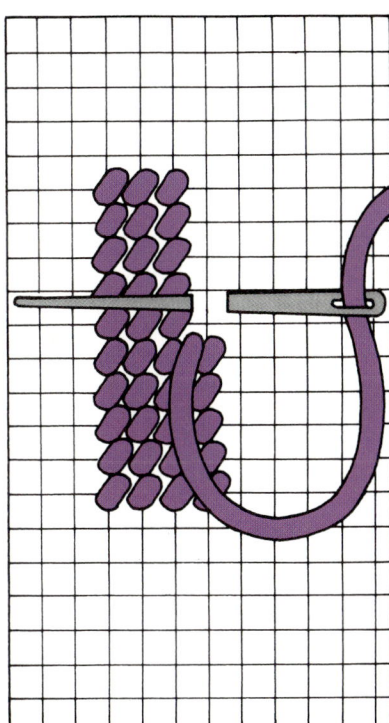

5 Wird er in auf- und absteigenden Reihen ausgeführt, dann sticht die Nadel waagerecht ein.

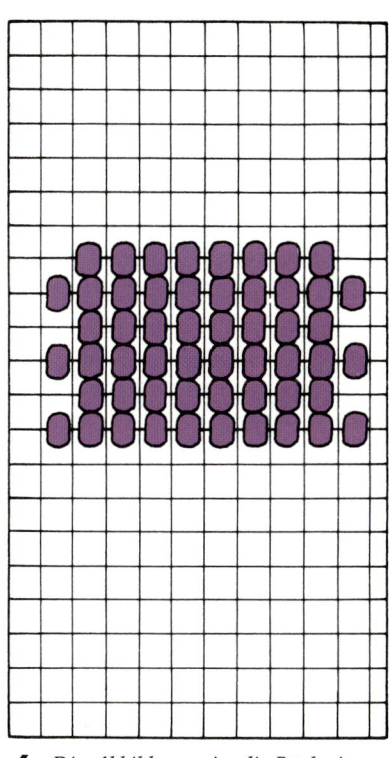

6 Die Abbildung zeigt die Rückseite einer Stickerei. Die Stiche verlaufen in senkrechten Reihen.

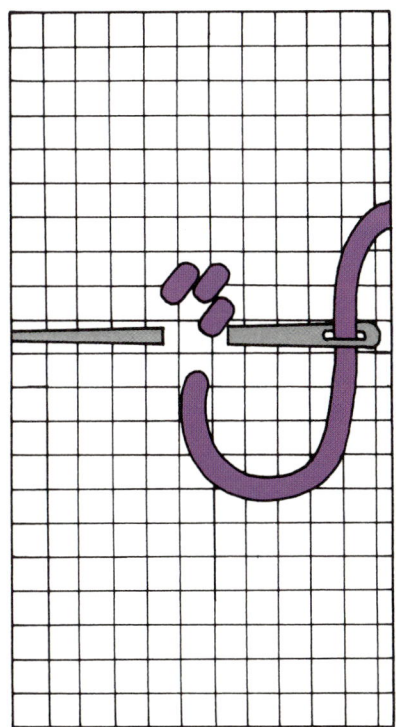

7 So wird der einfache Gobelinstich als Ecke oder in diagonal verlaufenden Reihen gearbeitet.

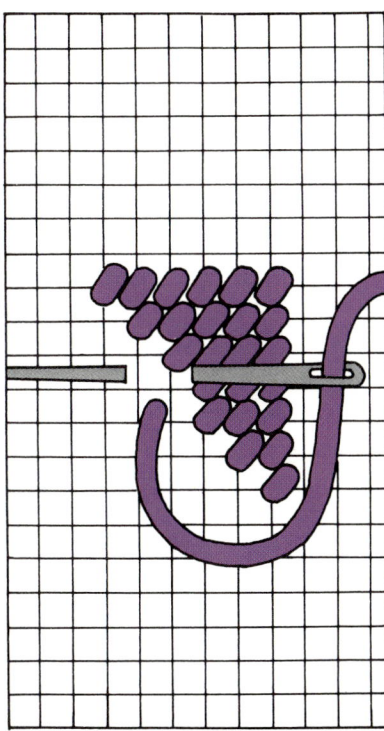

8 Bei diagonal aufsteigenden Reihen die Sticknadel waagerecht durch die Gewebekreuze führen.

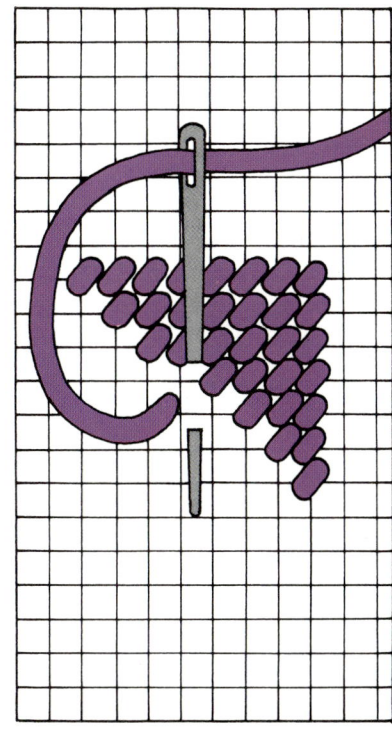

9 Bei diagonal absteigenden Reihen die Nadel senkrecht unter den Gewebekreuzen hindurchführen.

19
EINFACHER UND NORDISCHER GOBELIN-STICH „TRASSIERT"

Soll die Gobelinstickerei besonders haltbar sein, da es sich z. B. um einen Gebrauchs-gegenstand handelt, so arbeitet man den einfachen Gobelin-stich über einen vorgespannten Faden. Da man den einfachen Gobelinstich in diesem Fall auf zweifädigem Stramin aus-führt, so spannt man zwischen die kleinen waagerechten Fadenpaare des Grundstoffes den Arbeitsfaden in der Farbe des Musters und überstickt ihn anschließend. Der senkrechte Gobelinstich, auch nordischer oder schwedischer Gobelin-stich genannt, kann in der Höhe über zwei, drei oder sogar vier Gewebefäden, bei zweifädigem Stramin über die gleiche Anzahl von Faden-paaren gestickt oder auch über vorgespanntem Faden gearbeitet werden (Zeichnung 4 bis 7).

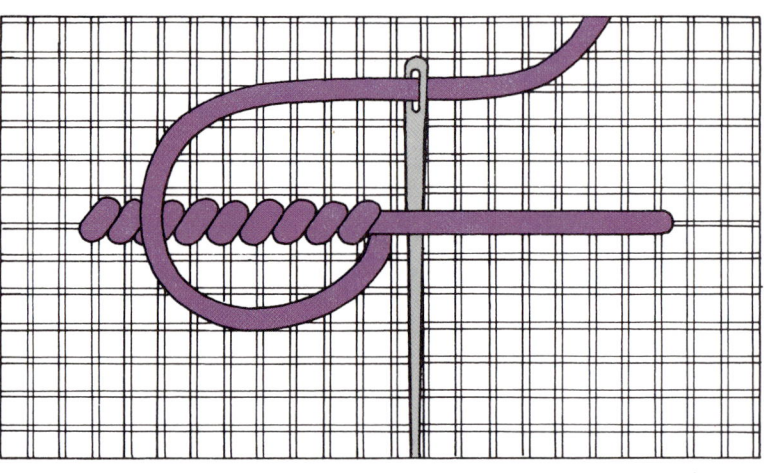

1 *Wird der einfache Gobelinstich über vorgespanntem Faden gearbeitet, so wird der Arbeitsfaden zuerst von rechts nach links gespannt und die Stiche darüber anschließend von links nach rechts gestickt.*

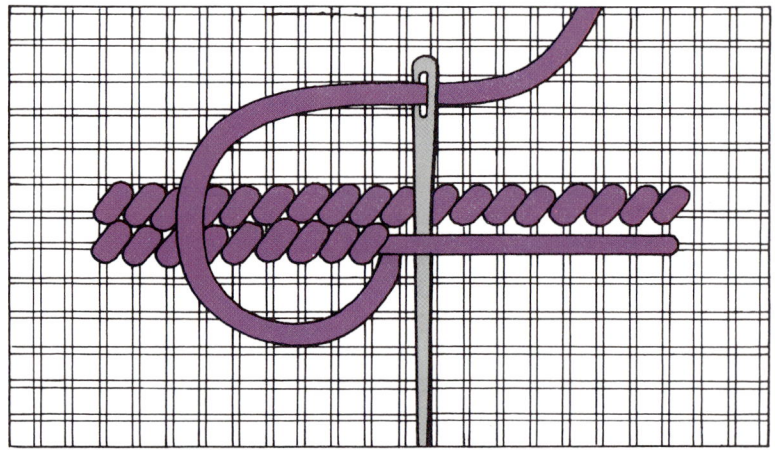

2 *Für jede darauffolgende Reihe wird der Arbeitsfaden erneut von rechts nach links gespannt und der einfache Gobelinstich wie bei der ersten Reihe auf gleiche Weise von links nach rechts gearbeitet.*

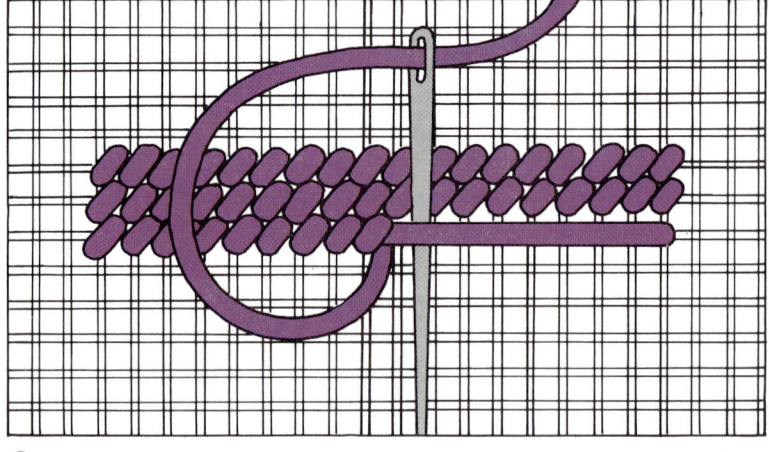

3 *Es werden alle folgenden Reihen in gleicher Weise gestickt. Da die Stiche der Reihen durch den vorgespannten Faden alle jeweils in einer Stickrichtung verlaufen, ergibt sich ein ebenmäßiges Stickbild.*

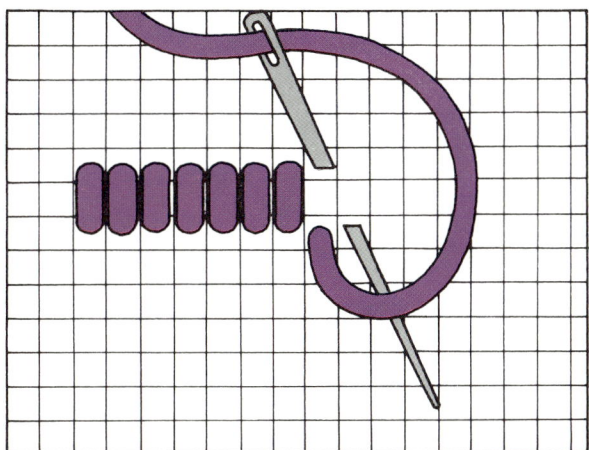

4 Der senkrechte Gobelinstich, auch nordischer oder schwedischer Gobelinstich genannt, kann in der Höhe über mehrere Fäden oder Fadenpaare reichen.

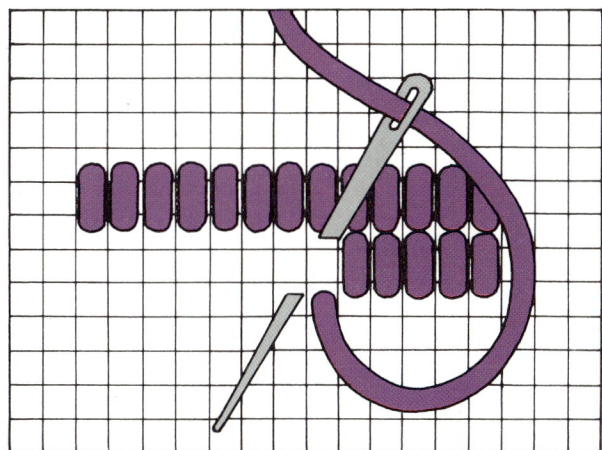

5 Man stickt den senkrechten Gobelinstich in hin- und hergehenden Reihen. Die Nadel wird senkrecht nach oben eingestochen und schräg ausgestochen.

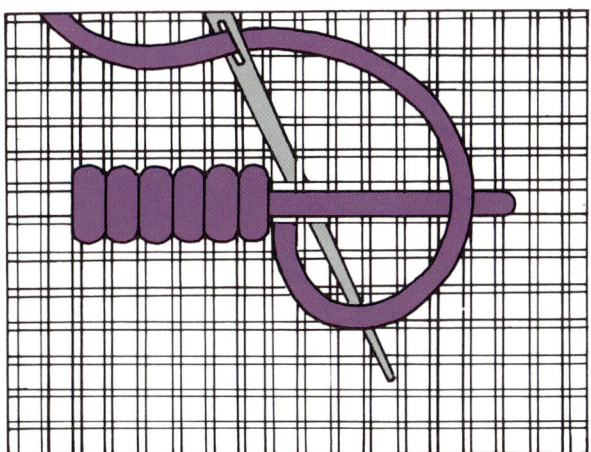

6 Der senkrechte Gobelinstich kann wie der einfache Gobelinstich über vorgespanntem Faden gestickt werden, wenn es das Stickmaterial erfordert.

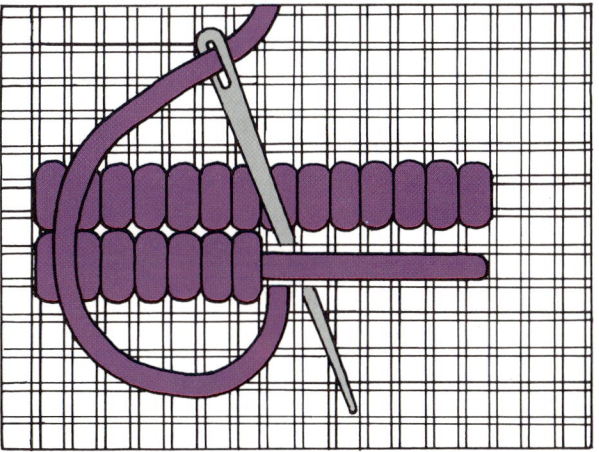

7 Beim senkrechten Gobelinstich wird der Arbeitsfaden auch von rechts nach links vorgespannt und darüber anschließend von links nach rechts gearbeitet.

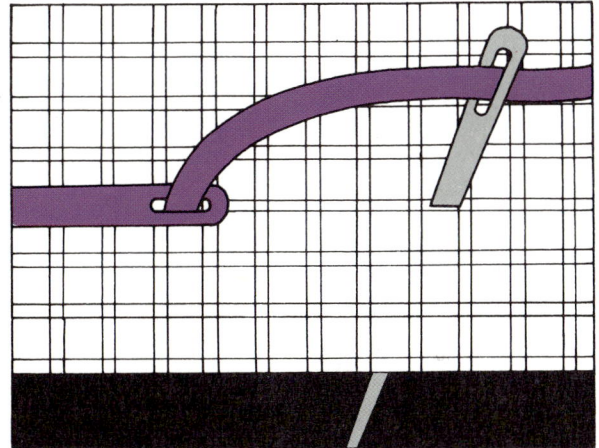

8 Bei langen Reihen spannt man den Arbeitsfaden in mehreren kurzen Strecken vor, indem man beim Ausstechen das vorangegangene Fadenende spaltet.

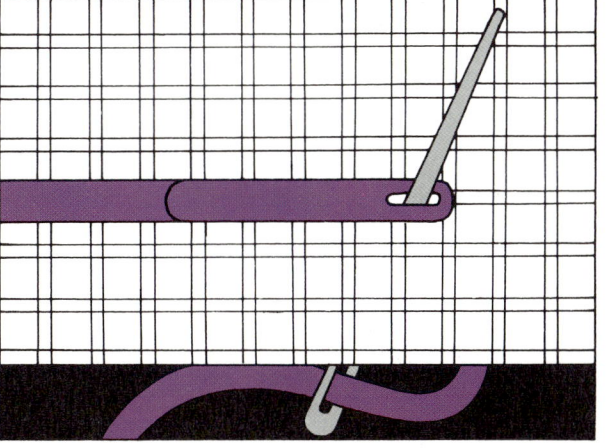

9 Auf diese Weise kann man auch die Fäden in der Farbe des zu stickenden Musters vorspannen, so daß beim Übersticken das Zählen des Musters entfällt.

20
PERLSTICH ODER „PETIT POINT"

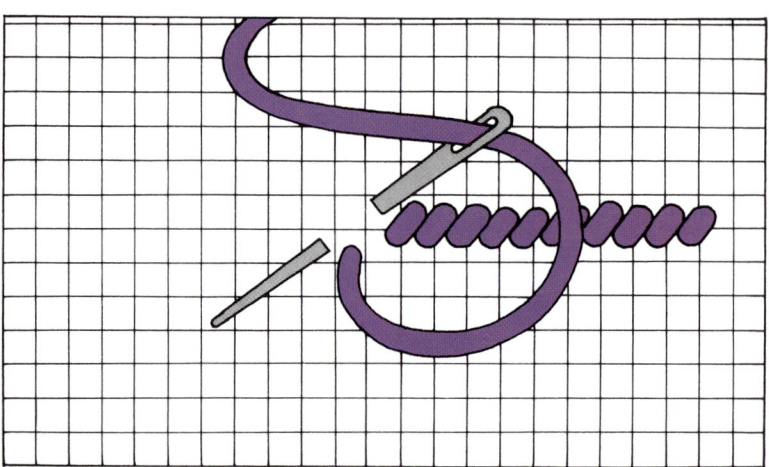

1 *Der Perlstich, auch „Petit point" genannt, läßt sich auf einfädigem und zweifädigem Stramin oder auf feiner Leinengaze gleich gut ausführen. Er sieht auf der Stoffoberseite wie der einfache Gobelinstich aus.*

Der Perlstich, auch „Petit point" genannt, stammt ursprünglich aus Frankreich. Er bedeckt den Grundstoff mit kleinen schrägen Stichen und wird jeweils über ein Straminkästchen gestickt. Er ist der am meisten angewandte Grundstich der Gobelinstickerei und kann senkrecht, waagerecht oder in schrägen Reihen angeordnet werden. Beim Perlstich entstehen auf der Rückseite lange, schräge Stiche, was die Stickerei besonders fest und haltbar macht. Wird der Perlstich zusätzlich „trassiert", so verwendet man dafür zweifädigen Stramin und spannt den Arbeitsfaden zwischen ein waagerechtes Fadenpaar. Man stickt auf den noch freien Stramin nach einer Stickvorlage, indem man die Kästchen auszählt, oder malt den Entwurf mit so feinen Strichen auf den Stramin, daß sie beim Übersticken völlig verdeckt werden.

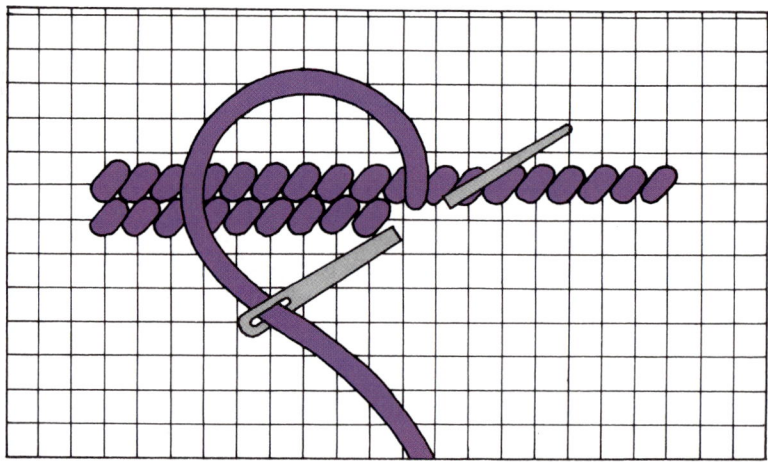

2 *Im Gegensatz zum einfachen Gobelinstich führt man die Nadel beim Perlstich von der Ausstichstelle schräg über ein Gewebekreuz zurück und sticht nach vorn neben der ersten Ausstichstelle wieder aus.*

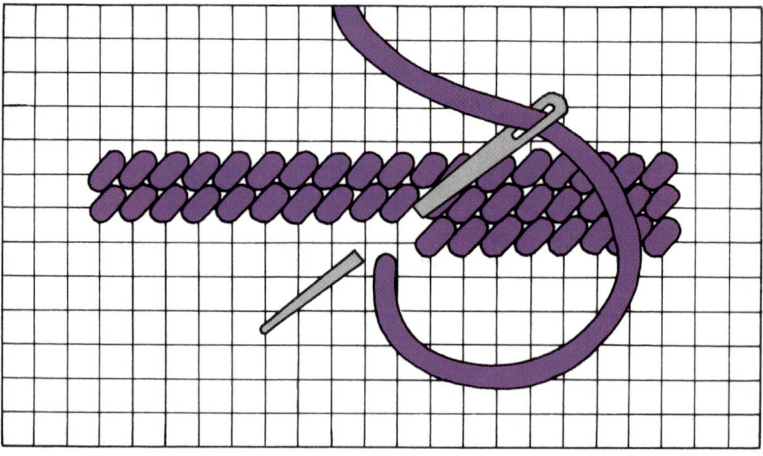

3 *Der Perlstich wird in hin- und hergehenden Reihen gearbeitet, dabei wird die Nadel bei jeder neuen Reihe durch die Löcher der Vorreihe geführt, so daß der Grundstoff dicht und vollständig überstickt wird.*

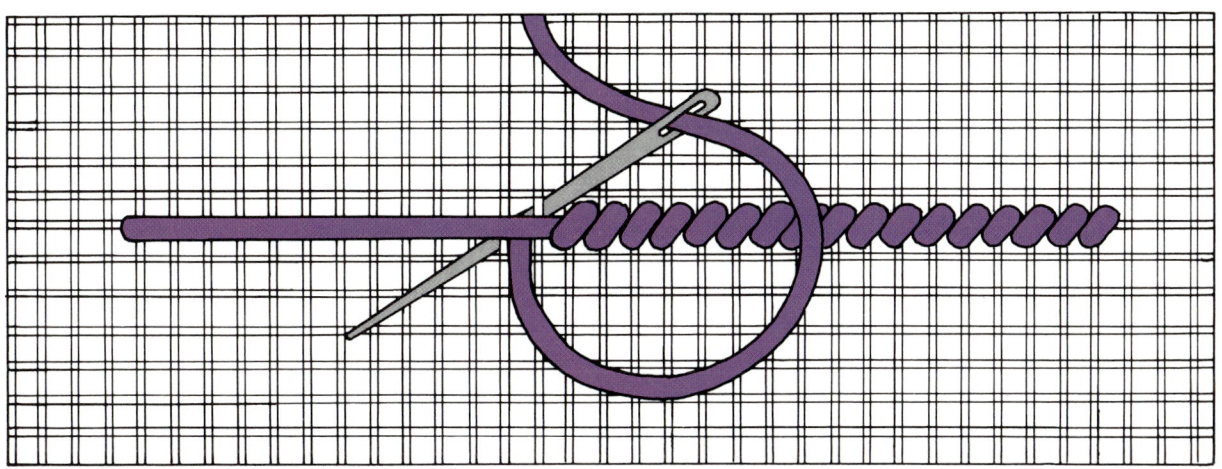

4 Der Perlstich kann, ebenso wie der einfache Gobelinstich, auch über einem vorgespannten Arbeitsfaden gestickt werden. Man verwendet in diesem Fall zweifädigen Stramin.

Es empfiehlt sich, beim Perlstich immer zuerst das Muster zu sticken, damit es klar herausgearbeitet wird, bevor man damit beginnt, den Hintergrund auszufüllen.

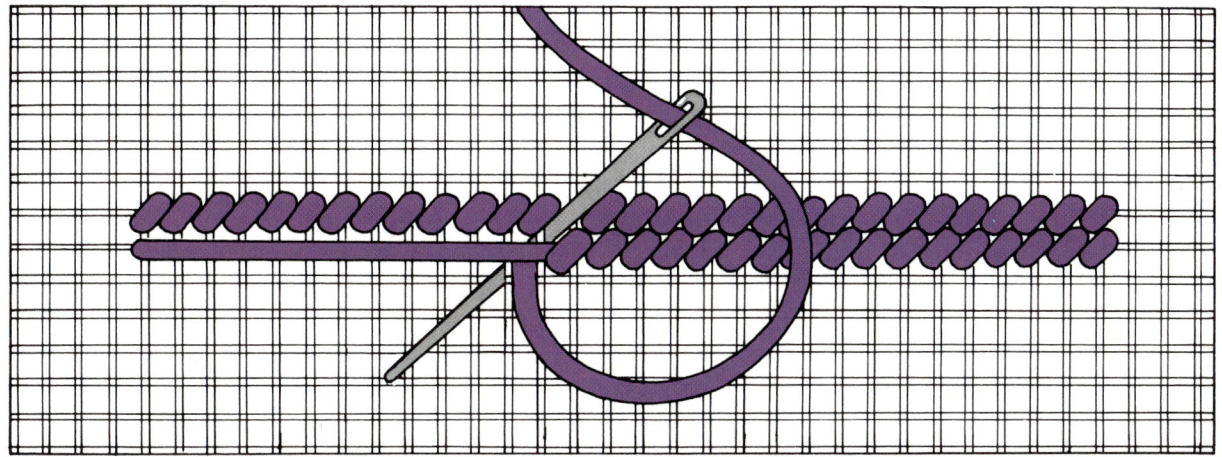

5 Der Arbeitsfaden wird beim Perlstich, im Gegensatz zum einfachen Gobelinstich, von links nach rechts gespannt, sodann wird der Perlstich von rechts nach links darübergestickt.

Es ist darauf zu achten, daß der Stickfaden bei Gobelinstickereien niemals länger als 50 bis 60 cm sein sollte und es sich am besten im Rahmen stickt.

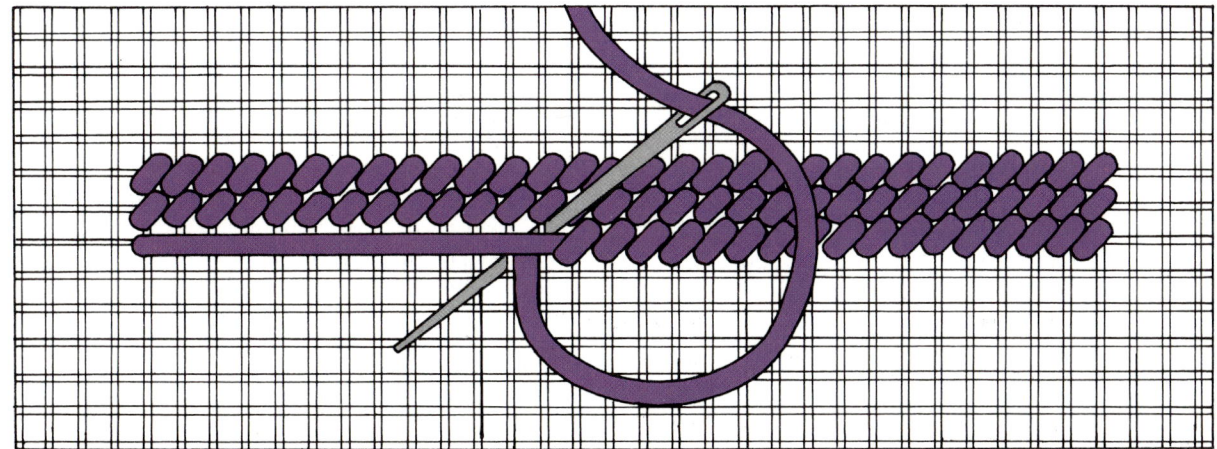

6 Für jede weitere Reihe wird der Arbeitsfaden erneut von links nach rechts gespannt und der Perlstich von rechts nach links ausgeführt, wobei eine schöne, glatte Oberfläche entsteht.

Auf der Stoffrückseite verlaufen lange, schräge Stiche, die über zwei Gewebefäden fassen. Durch den vorgespannten Faden wird die Stickerei besonders haltbar.

21
KREUZSTICH

Der klassische Kreuzstich wird auf zählbarem Gewebe gearbeitet und nach einem genauen Auszählmuster oder einem auf den Grundstoff vorgedruckten Muster ausgeführt. Beim Auszählmuster entspricht ein kleines Quadrat einem Kreuzstich, wobei je nach Grundstoff und Motiv über zwei, drei oder vier Gewebefäden in Höhe und Breite gestickt werden kann. Der Kreuzstich wird in zwei Arbeitsgängen ausgeführt, wenn es sich um eine oder mehrere Reihen handelt. In der Hinreihe entstehen die Grundstiche, in der Rückreihe werden die Deckstiche gearbeitet. Einzelne Kreuzstiche können jedoch auch in einem Arbeitsgang gestickt werden. Damit die Kreuzstiche schön regelmäßig ausfallen, sollte man als Stoffe am besten Gewebe mit gleich starken Kett-und Schußfäden verwenden.

1 *Die Abbildung zeigt den Beginn einer waagerechten Kreuzstichreihe. In der Hinreihe werden die Grundstiche von links unten nach rechts oben dem Muster entsprechend über eine Anzahl von Gewebefäden ausgeführt.*

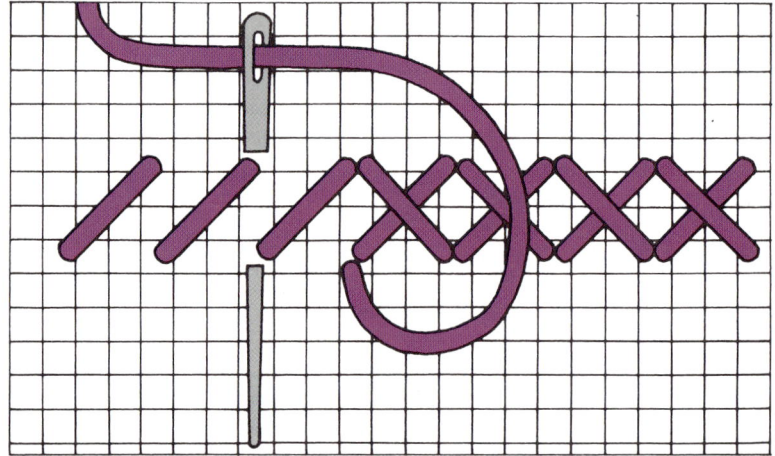

2 *In der Rückreihe werden die Deckstiche gearbeitet. Sie werden von rechts unten nach links oben ausgeführt. Die Nadel sticht anschließend zum Beginn eines neuen Deckstiches senkrecht nach unten aus.*

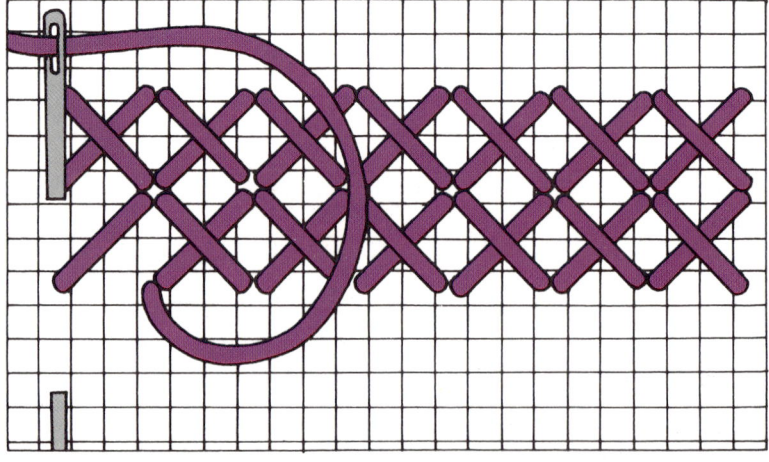

3 *Werden mehrere Kreuzstichreihen gestickt, so werden die Stiche der neuen Reihe in die Einstichstellen der Vorreihe geführt. Beim Übergang zur neuen Reihe nimmt die Nadel die doppelte Anzahl Gewebefäden auf.*

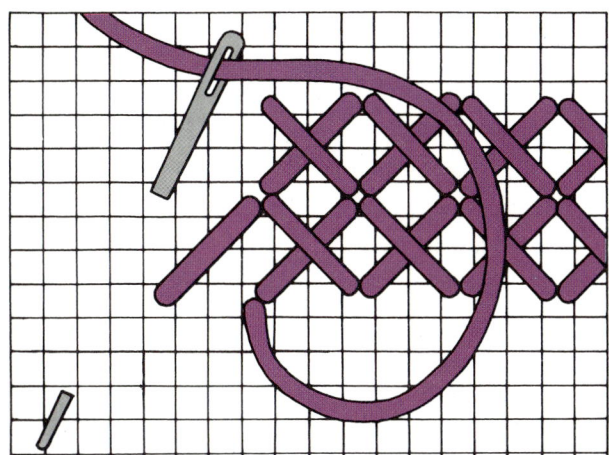

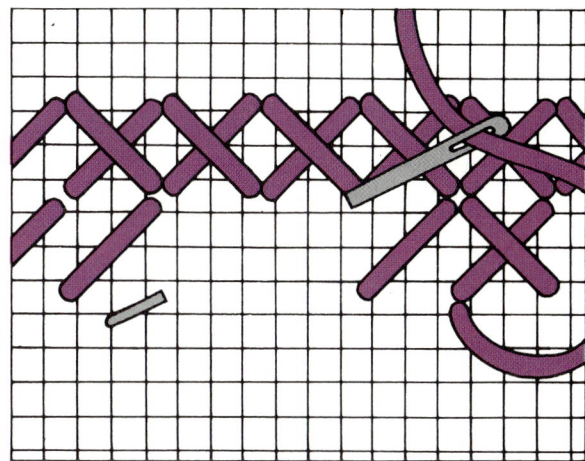

4 *Verlängert sich eine Reihe um einen oder mehrere Stiche, nach dem letzten Deckstich über die doppelte Anzahl der Gewebefäden schräg nach links ausstechen.*

5 *Wird das Muster einer Kreuzstichreihe durch ein oder zwei Kreuzstiche unterbrochen, so wird der Zwischenraum durch einen langen Schrägstich übergangen.*

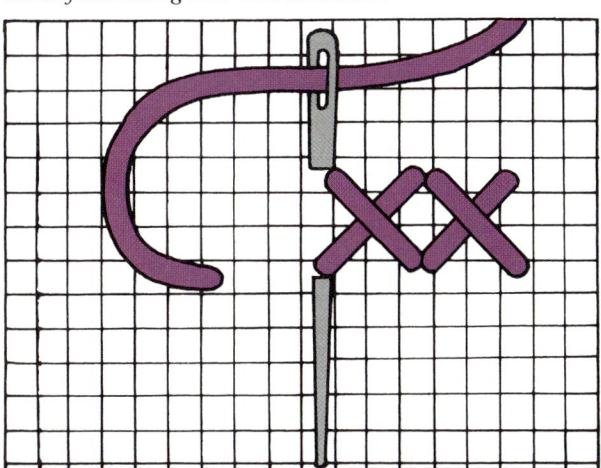

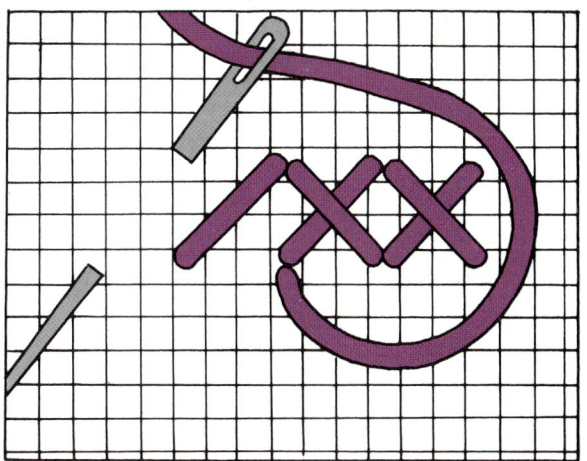

6 *Beabsichtigt man, innerhalb eines Musters nur eine Kreuzstichreihe oder wenige Stiche auszuführen, so können die Kreuzstiche gleich einzeln fertiggestellt werden.*

7 *Die Reihe wird von rechts nach links gestickt. Die Grundstiche erfolgen von links unten nach rechts oben, die Deckstiche von rechts unten nach links oben.*

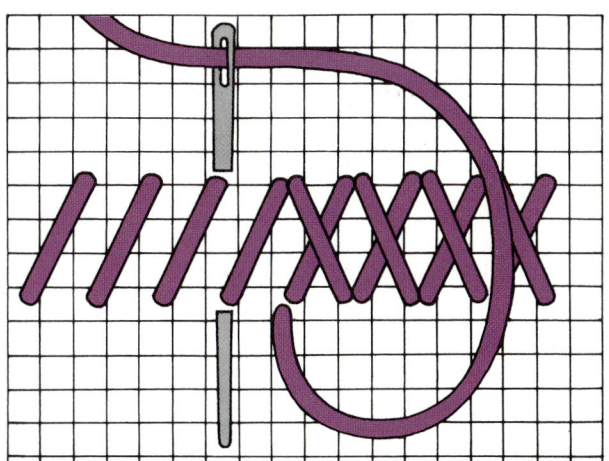

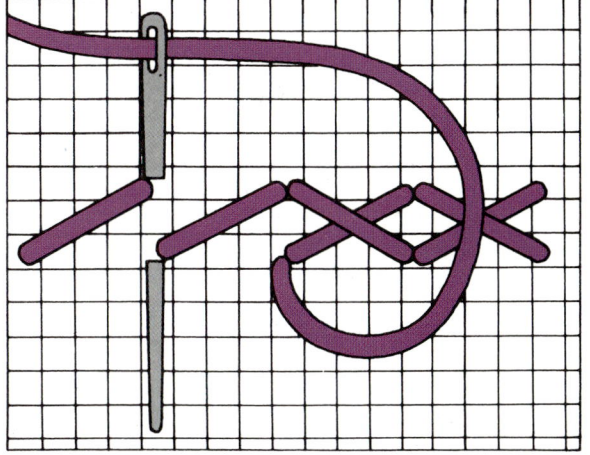

8 <u>*Der langgezogene Kreuzstich*</u> *weicht von der Norm ab, da Grund- und Deckstiche kein Quadrat bilden, sondern in Höhe und Breite unterschiedlich lang sind.*

9 *Hier wird der langgezogene Kreuzstich über vier Gewebefäden in der Breite und zwei in der Höhe ausgeführt. Bei Abbildung 8 ist der Arbeitsgang umgekehrt.*

22
KREUZSTICH

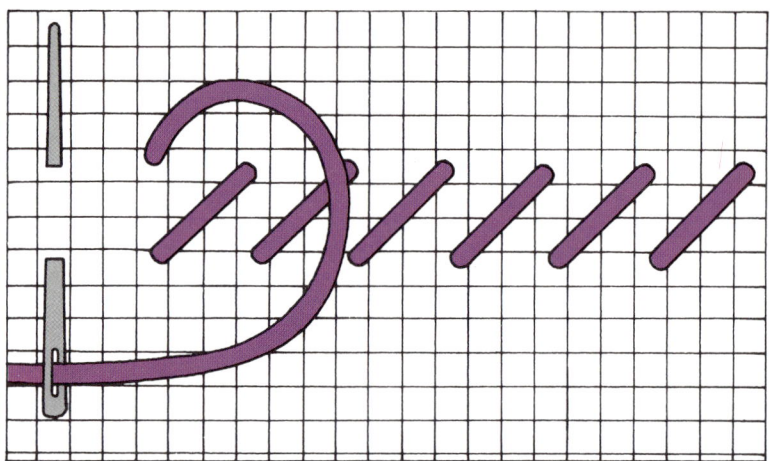

1 *Die Abbildung zeigt den Beginn einer waagerechten Kreuzstichreihe, die von unten nach oben ausgeführt wird. Die Grundstiche der Hinreihe werden in einem Arbeitsgang von rechts oben nach links unten gestickt.*

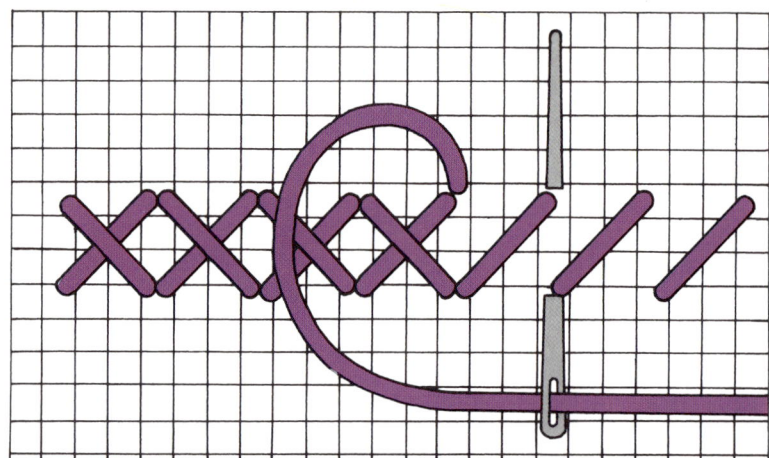

2 *In der Rückreihe werden die Deckstiche gearbeitet. Sie verlaufen von links oben nach rechts unten, wobei die Nadel zum Beginn eines neuen Deckstiches anschließend senkrecht nach oben ausgestochen wird.*

Der Kreuzstich kann auch, je nach Art und Motiv der Stickerei, in waagerechten Reihen von unten nach oben ausgeführt werden. Die Abbildungen 4 und 7 dagegen zeigen senkrecht von oben nach unten bzw. von unten nach oben ausgeführte Kreuzstichreihen, bei denen jeder Kreuzstich gleich einzeln fertiggestickt wird. Um ein Beschädigen des Grundstoffes und der Stickgarnfäden zu verhindern, sollte beim gezählten Kreuzstich eine Sticknadel mit stumpfer Spitze verwendet werden.

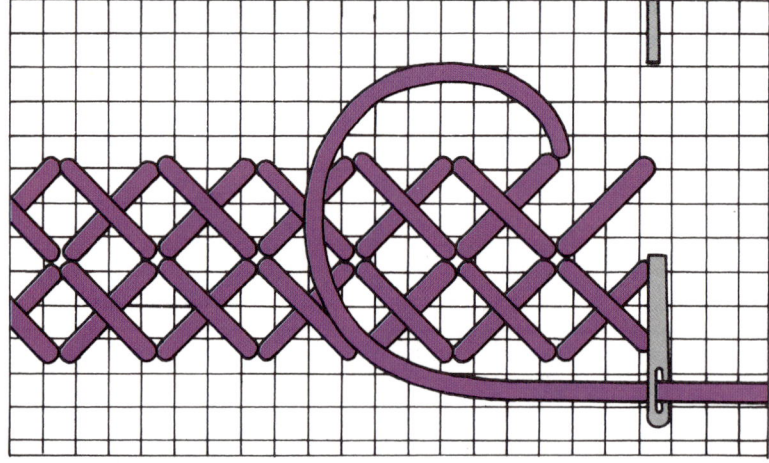

3 *Die zweite und alle darauffolgenden Reihen werden in gleicher Weise von unten nach oben ausgeführt. Beim Übergang zu einer neuen Kreuzstichreihe nimmt die Nadel dabei die doppelte Anzahl an Gewebefäden auf.*

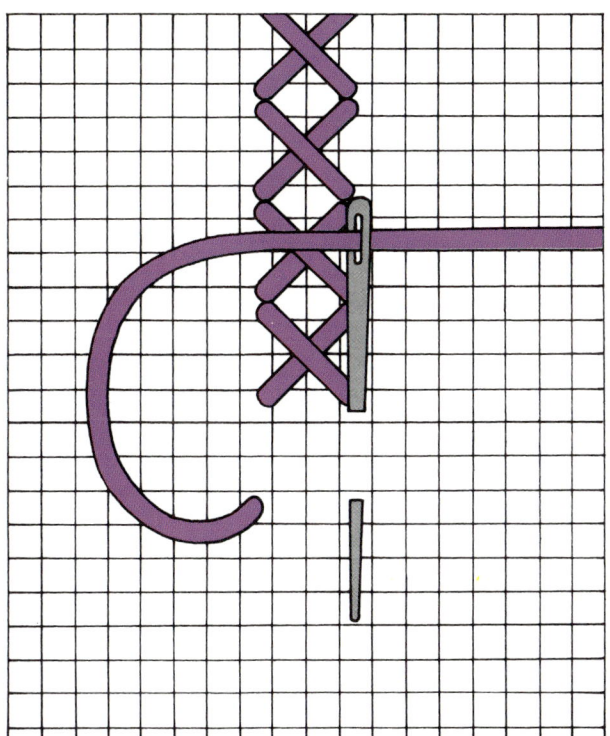

4 Hier wird eine senkrecht von oben nach unten gearbeitete Kreuzstichreihe gezeigt, bei der jeder Kreuzstich in einem Arbeitsgang einzeln fertiggearbeitet wird.

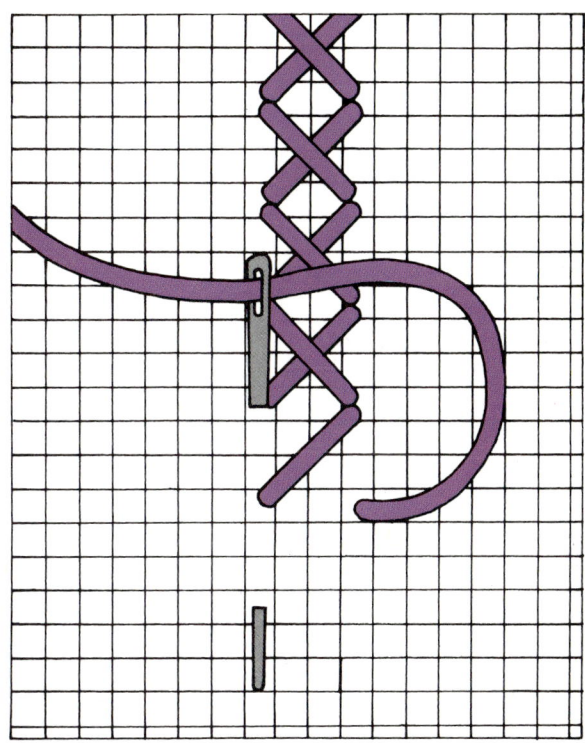

5 Dabei werden die Grundstiche von links unten nach rechts oben ausgeführt (siehe Abbildung 4) und die Deckstiche danach von rechts unten nach links oben.

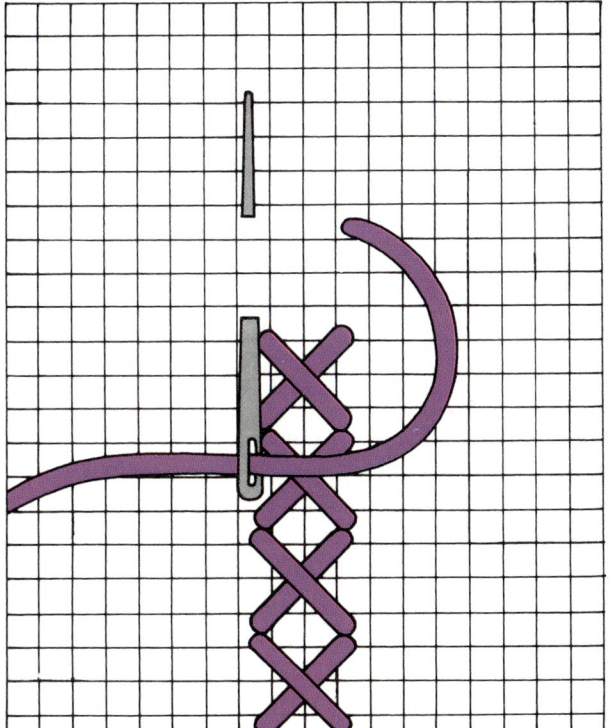

6 Auch bei von unten nach oben gearbeiteten Reihen kann jeder Stich einzeln fertiggestellt werden. Die Grundstiche verlaufen von rechts oben nach links unten.

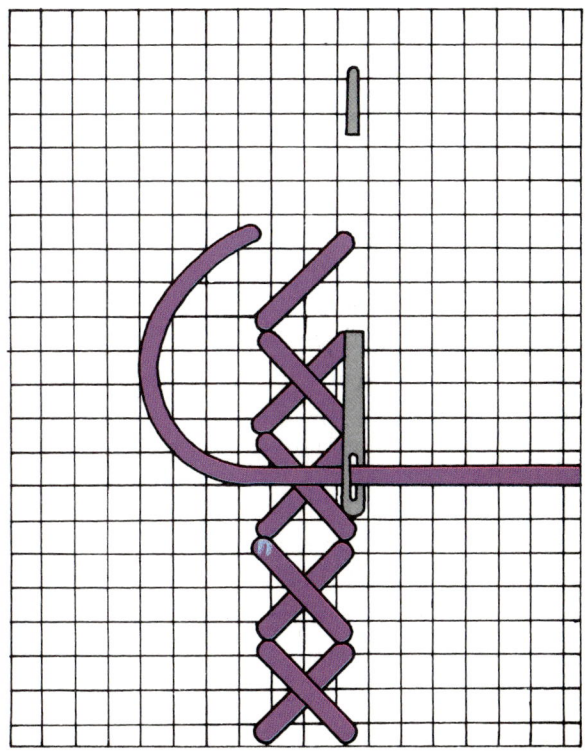

7 Die Deckstiche werden von links oben nach rechts unten gearbeitet. Beim Übergang zu einem neuen Stich wird die Nadel dabei senkrecht nach oben geführt.

23
KREUZSTICH

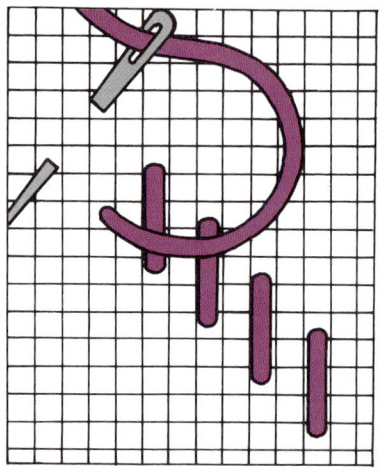

1 *Beim diagonalen Kreuzstich die Grundstiche senkrecht von rechts unten nach links oben versetzen.*

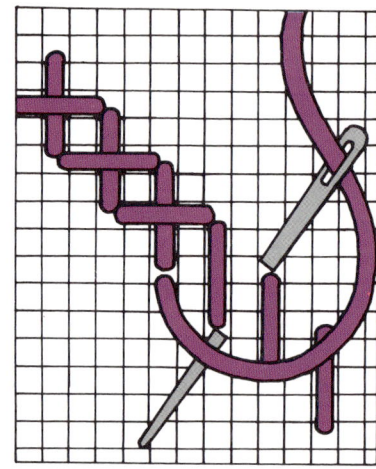

2 *Die Deckstiche von links oben nach rechts unten ausführen und dabei waagerecht anordnen.*

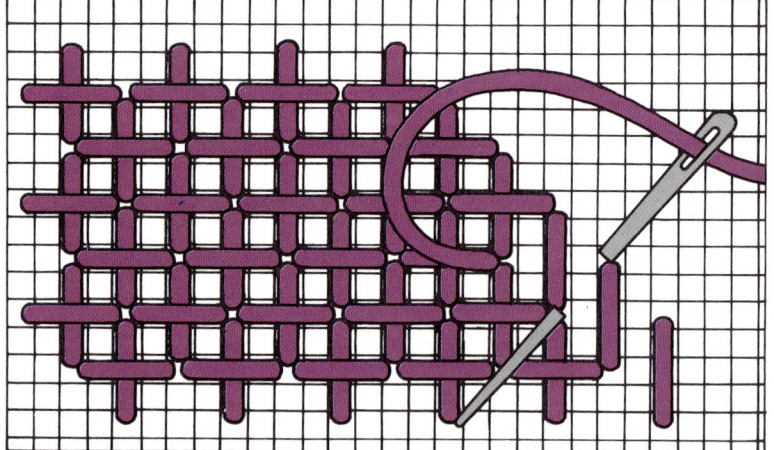

3 *Die Abbildung zeigt das Entstehen von mehreren diagonal gestickten Kreuzstichreihen zu einer geschlossenen Fläche. Bei Ausführung der waagerechten Deckstiche sticht die Nadel in die Lücken der Vorreihe.*

Der diagonale Kreuzstich (Abbildung 1 bis 3) ist eine Abwandlung des Kreuzstiches. Im Gegensatz zu der bisherigen Arbeitsweise, bei der die Grund- und Deckstiche schräg gearbeitet wurden, sind beim diagonalen Kreuzstich die Grundstiche senkrecht und die Deckstiche waagerecht. Die Abbildungen 4 bis 11 dagegen zeigen diagonal verlaufende Kreuzstiche, die auf herkömmliche Weise und gleich einzeln fertiggestellt werden.

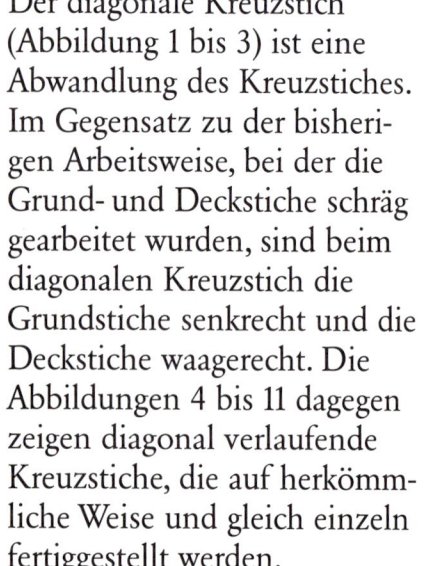

4 *Beim diagonal verlaufenden Kreuzstich wird jedes Kreuzchen gleich einzeln fertiggestellt.*

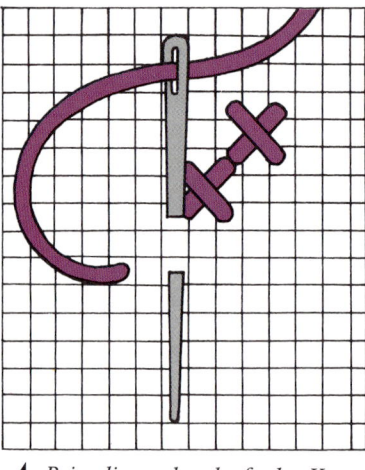

5 *Die Grundstiche von links unten nach rechts oben, die Deckstiche von rechts unten nach links oben.*

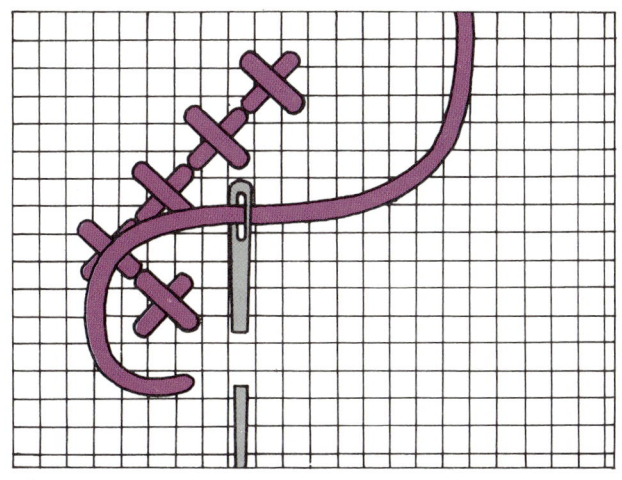

6 Soll ein auf der Spitze stehendes Quadrat aus Kreuzstichen gearbeitet werden, so wird dabei die zweite Reihe in entgegengesetzter Richtung zur ersten Reihe weitergeführt.

7 Die Kreuzstiche werden auf die gleiche Weise gearbeitet wie zu Beginn der ersten Reihe, d. h. auch wieder einzeln in einem Arbeitsgang gleich fertiggestellt.

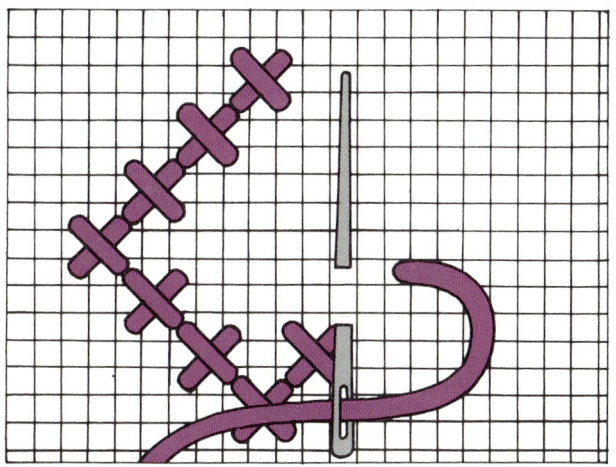

8 Die dritte diagonale Kreuzstichreihe wird parallel zur ersten Reihe gearbeitet, wobei die Grundstiche jeweils von rechts oben nach links unten ausgeführt werden.

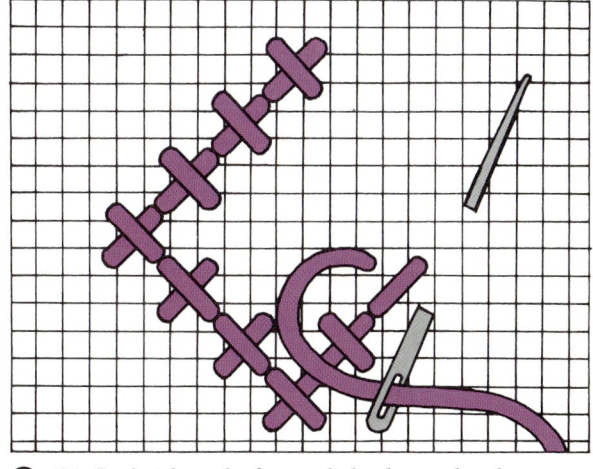

9 Die Deckstiche verlaufen von links oben nach rechts unten. Beim Übergang zu einem neuen Kreuzstich nimmt die Nadel dabei doppelt so viele Gewebefäden auf.

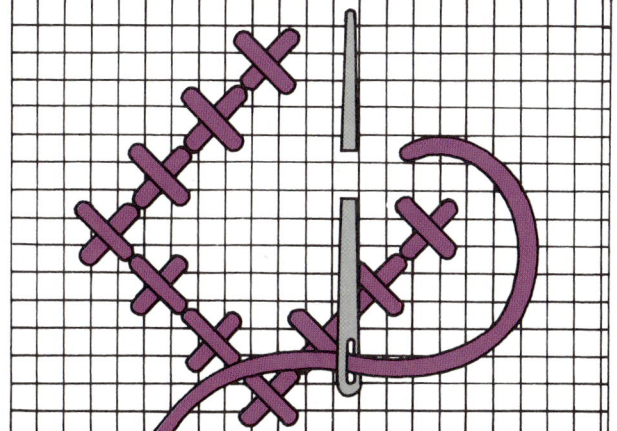

10 Die letzte Kreuzstichreihe wird parallel zur zweiten gearbeitet und schließt somit das Quadrat. Die Grundstiche verlaufen dabei von rechts oben nach links unten.

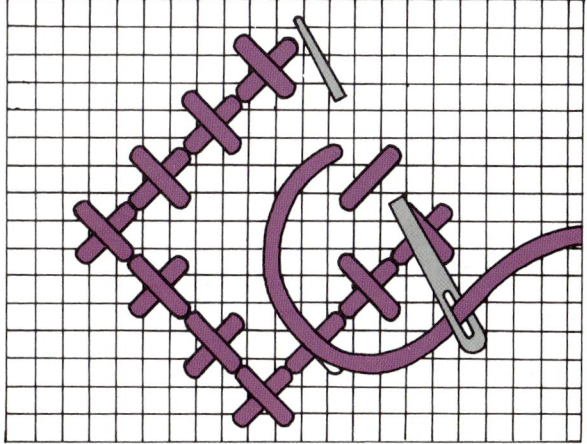

11 Die Deckstiche von links oben nach rechts unten. Bei korrekter Ausführung zeigt die Rückseite diagonale Stiche am Außenrand und innen senkrechte.

24
KÄSTCHEN-STICH

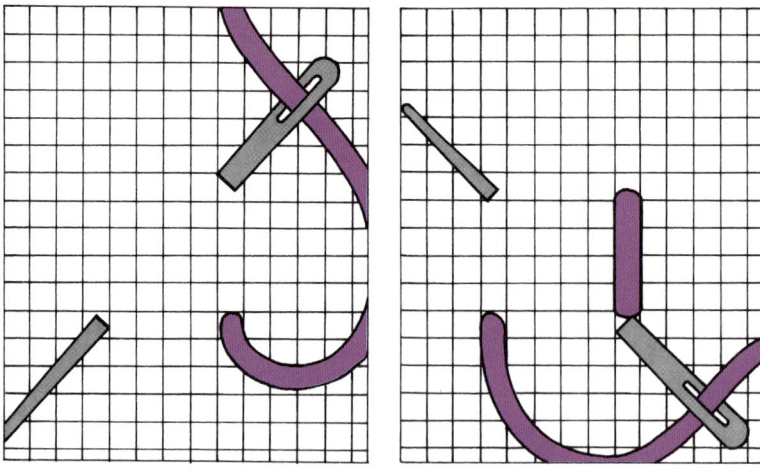

1 Ausstechen, die Nadel senkrecht über fünf Gewebefäden nach oben führen, einstechen und schräg nach unten ausstechen. Nadel zur ersten Ausstichstelle zurückführen und schräg nach oben ausstechen.

Der Kästchenstich wird auf zählbarem Gewebe von rechts nach links gearbeitet, wobei die vier gleich langen Rückstiche so angeordnet werden, daß sich ein Kästchen daraus ergibt. Man kann die Kästchen einzeln sticken, so daß sie in Verbindung mit anderen Sticharten ein hübsches Muster ergeben. In der Regel wird der Kästchenstich aber zum Bilden einer Reihe aneinanderliegender Kästchen verwendet. Soll eine größere Fläche mit Kästchenstichen gefüllt werden, so muß die Stickerei nach Beendigung der ersten Reihe so gedreht werden, daß die Stiche der neuen Reihe anschließend wieder von rechts nach links ausgeführt werden können.

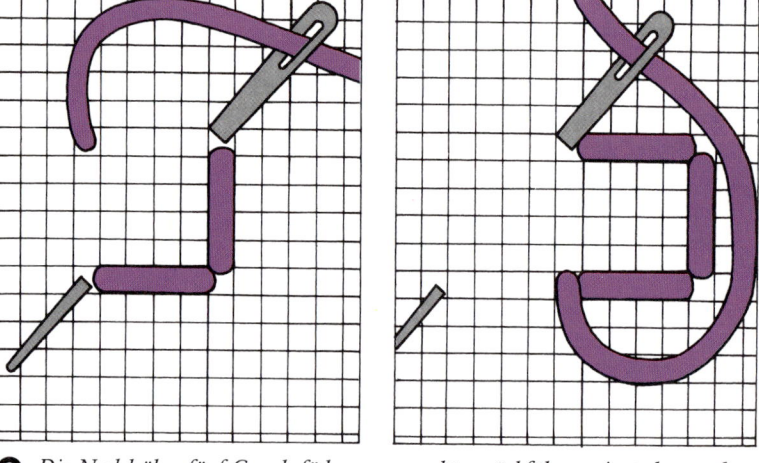

2 Die Nadel über fünf Gewebefäden waagerecht zurückführen, einstechen und schräg nach unten ausstechen. Nadel senkrecht nach oben führen und zum zweiten Stich so ausstechen, wie es die Abbildung zeigt.

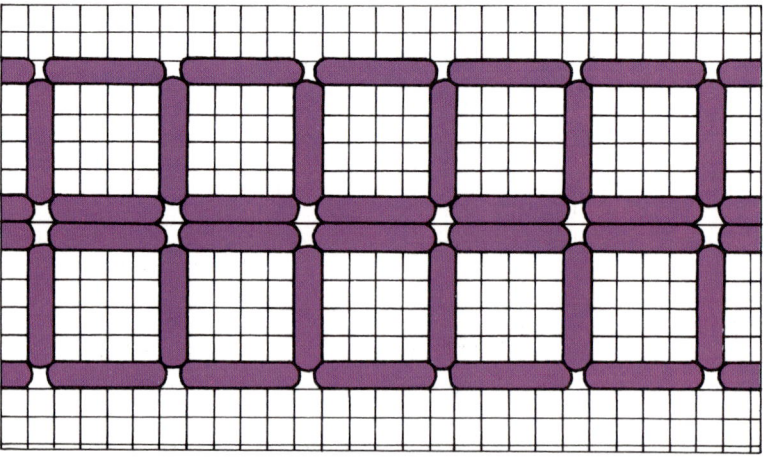

3 Auf diese Weise Kästchen für Kästchen zu einer Reihe aneinandersetzen. Werden mehrere Reihen zum Füllen einer Fläche ausgeführt, so stoßen die beiden Stiche zwischen den Reihen dabei jeweils aufeinander.

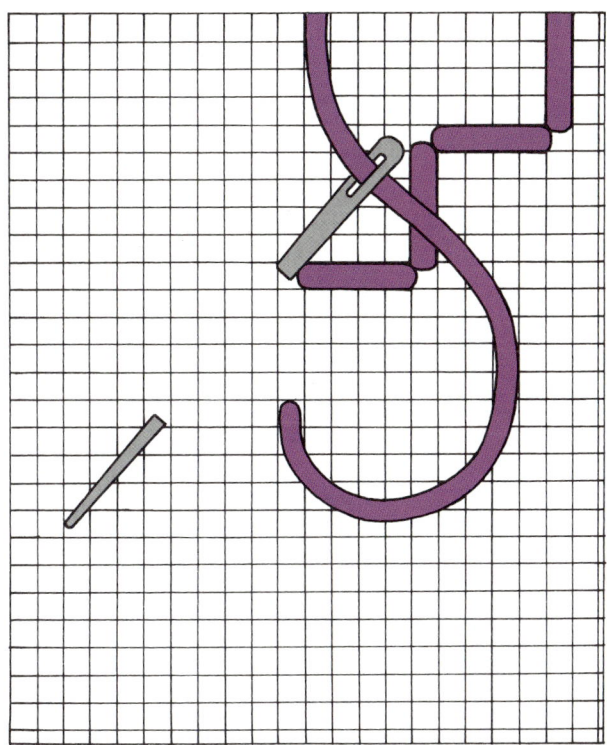

4 Beim diagonalen Kästchenstich von rechts oben nach links unten arbeiten. Die Nadel wird über die gewünschte Anzahl von Gewebefäden im rechten Winkel geführt.

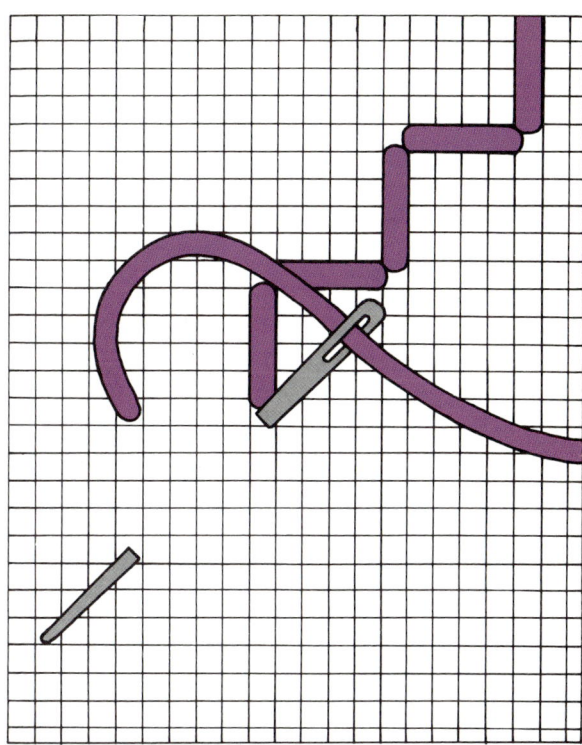

5 Danach die Nadel waagerecht zur vorletzten Ausstichstelle zurückführen, einstechen und die Nadel schräg nach links unten führen und ausstechen.

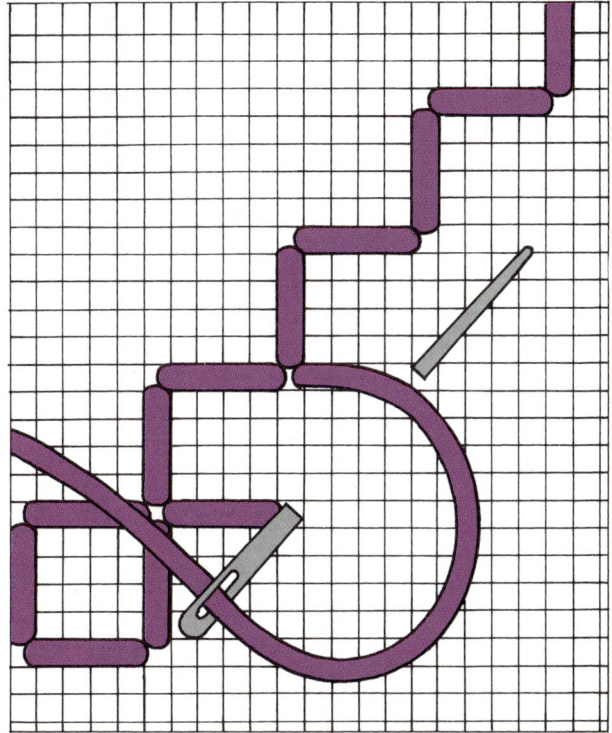

6 Die diagonalen Kästchenhälften werden in der Rückreihe ergänzt. Die Nadel sticht zuerst senkrecht nach unten ein und danach schräg nach oben wieder aus.

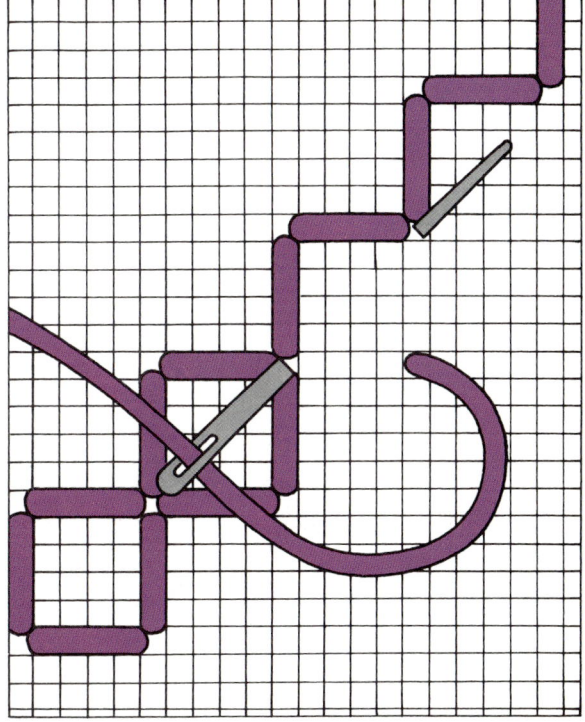

7 Beim nächsten Stich die Nadel waagerecht nach links zurückführen, einstechen und schräg nach oben ausstechen. So Kästchen für Kästchen schließen.

25
HOLBEIN-STICH

Bei Stickereien im Holbeinstich handelt es sich um eine
Anzahl von gleich langen Vorstichen, die auf zählbarem
Gewebe so angeordnet werden,
daß sie sich in hin- und hergehenden oder auf- und
absteigenden Reihen zu einem
gleichmäßigen Muster zusam-
menfügen. Beim Entstehen
des Musters werden in den
Hinreihen gleich viele Gewebefäden aufgenommen bzw.
übergangen, während in der
Rückreihe die entstandenen
Lücken zwischen den Stichen
gegengleich geschlossen werden. Bei exakter Ausführung
des Holbeinstiches zeigen
Stoff-Ober- und -Unterseite
nach Beendigung der Stickerei
das gleiche Muster. Den
Namen Holbeinstich erhielt
dieser Linienstich deshalb,
weil auf den Gemälden der
beiden Maler Holbein viele
der prächtigen Gewänder in
dieser Stickerei ausgeführt wurden. Stickereien, die in der
Zeit der Renaissance entstanden, zeigen noch heute diesen
Linienstich.

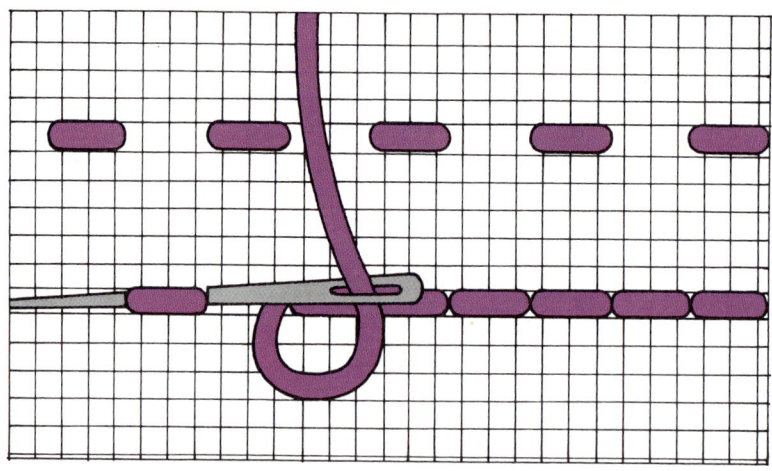

1 *Bei dieser geraden Linie werden in der Hinreihe drei Gewebefäden aufgefaßt und drei Fäden übergangen. Danach die Arbeit vollständig drehen. In der Rückreihe die entstandenen Lücken zwischen den Stichen füllen.*

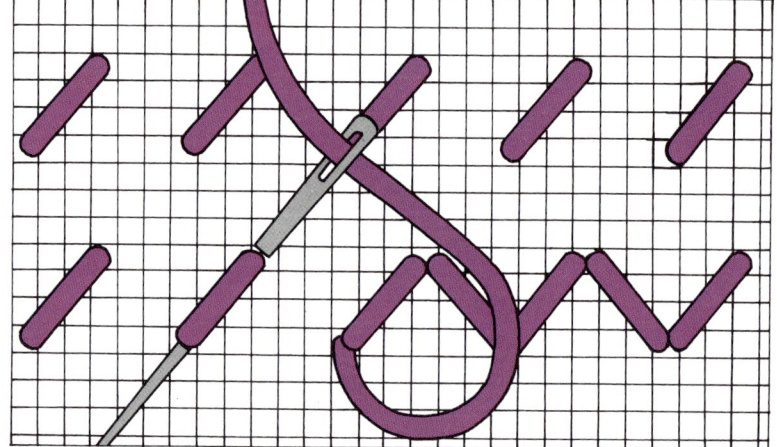

2 *Bei der Zickzacklinie wird die Nadel von links unten nach rechts oben geführt und diagonal nach rechts unten ausgestochen. In der Rückreihe die Nadel von rechts nach links führen und die Lücken füllen.*

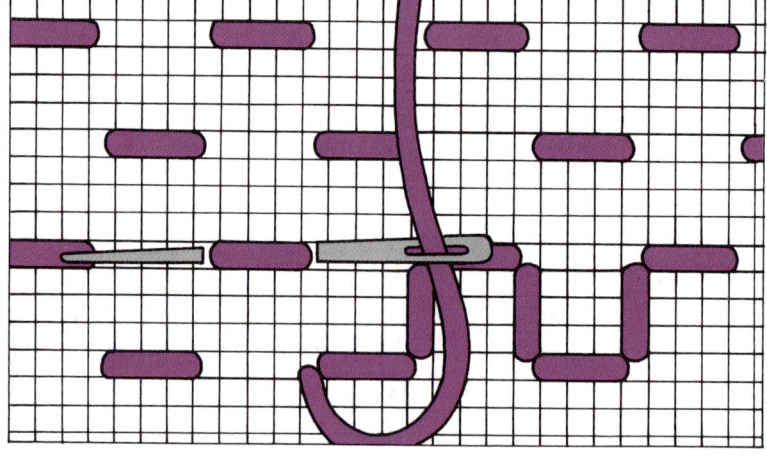

3 *Zuerst die Nadel auf der oberen Linie waagerecht führen, danach senkrecht zur unteren Linie durchstechen, wieder waagerecht führen und senkrecht nach oben ausstechen. In der Rückreihe die Lücken schließen.*

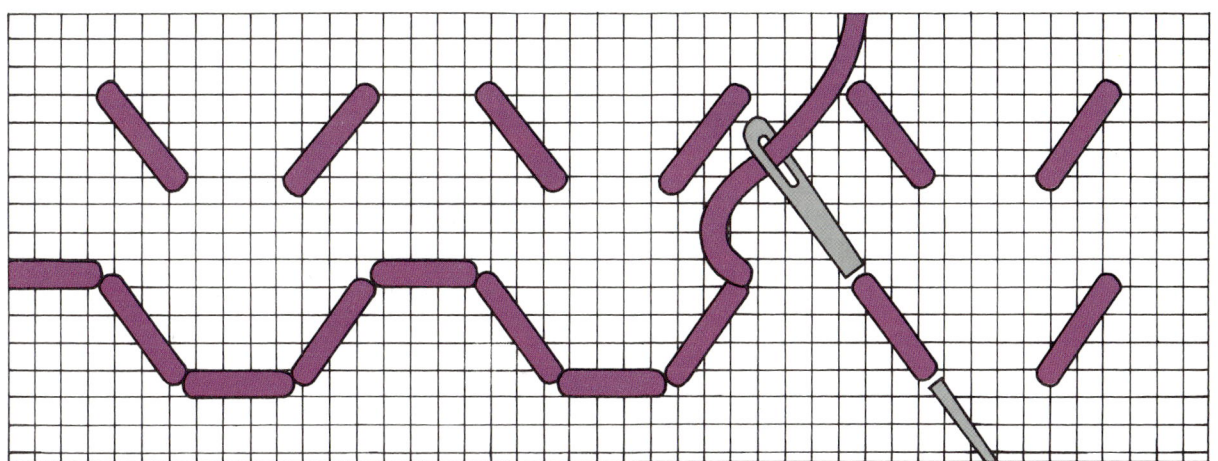

4 Für die Wellenlinie im ersten Arbeitsgang rechts oben ausstechen, links unten einstechen, die Nadel waagerecht nach links ausstechen und rechts oben einstechen. Für jeden neuen Stich den Arbeitsgang wiederholen, dabei die gleiche Anzahl Gewebefäden aufnehmen oder übergehen. In der Rückreihe die Lücken mit waagerechten Stichen schließen.

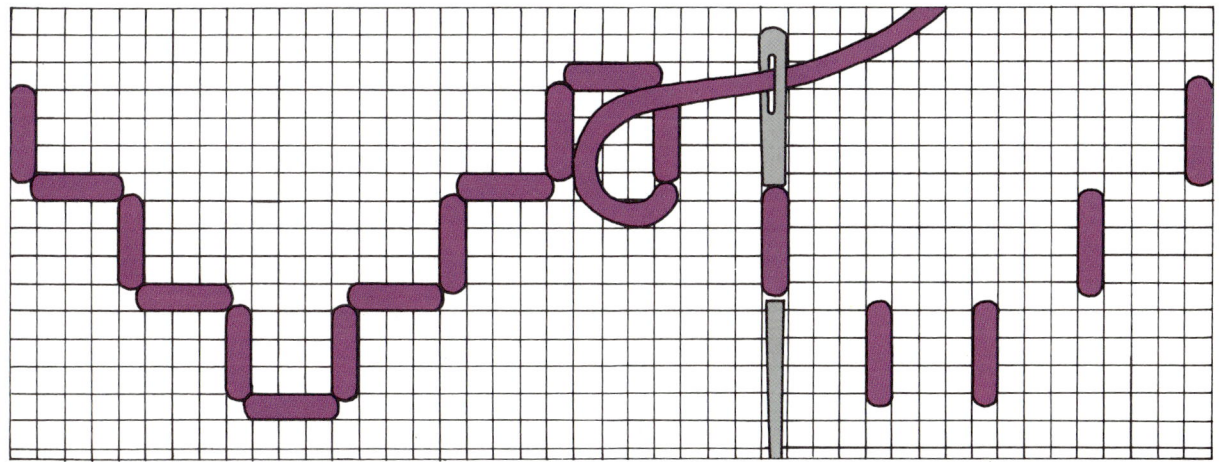

5 Bei diesem treppenförmigen Muster werden zu Beginn die senkrechten Stiche der Hinreihe gearbeitet. Man sticht rechts oben aus und führt die senkrechten Stiche erst abfallend und danach steigend über vier Gewebefäden in Höhe und Breite aus. In der Rückreihe werden anschließend die Stichlücken mit waagerechten Stichen ausgefüllt.

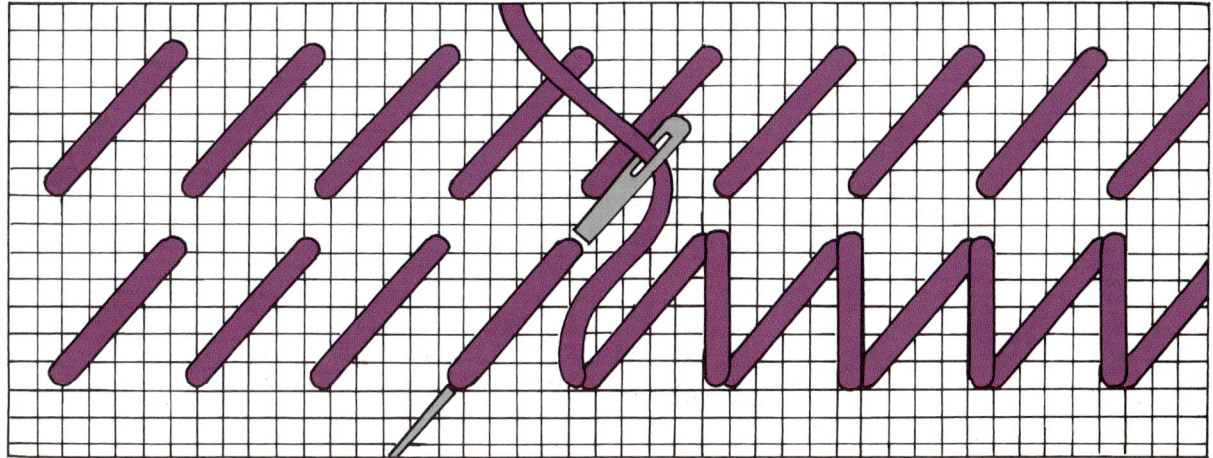

6 Wie Zacken einer Säge verlaufen die Stiche dieses Musters. Die Stiche der Hinreihe werden diagonal von links unten nach rechts oben gearbeitet. Danach die Nadel senkrecht zur Grundlinie führen. In der Rückreihe die Stichlücken mit senkrechten Stichen schließen. Bei korrekter Ausführung zeigen Ober- und Rückseite des Stoffes die gleiche Stickerei.

TIPS & TRICKS

Es gibt verschiedene Methoden, um ein Muster auf Stoff zu übertragen. Welche Art des Übertragens Sie wählen, richtet sich weitgehend nach der Art des Grundstoffes und nach dem Motiv, das Sie sich ausgesucht haben. Wir beschreiben Ihnen hier sechs unterschiedliche Möglichkeiten.

Übertragen mit Hilfe von Organza

Einige Stoffarten, besonders hochflorige Wollstoffe oder flauschige Stoffe wie Frottee, lassen ein Übertragen mit Hilfe von Transparentpapier oder mittels eines Bügelstiftes nicht zu, weil das hochflorige Gewebe die Bleistiftkonturen oder die Farbe des Bügelstiftes nicht annehmen kann. Trotzdem ist es möglich, eine einfache flauschige Wolldecke mit einem Hauswappen aufzuwerten, die Frottee- und Gästehandtücher fürs Badezimmer individuell mit Initialen oder kleinen Motiven zu verzieren. Man greift dabei zu einem einfachen Trick und überträgt sich das gewünschte Motiv zuerst auf einen sogenannten Hilfsstoff. Dieser besteht aus einem Stück Organza, das etwas größer sein muß als das zu übertragende Motiv. Man legt den Organza über die Vorzeichnung und zeichnet das Motiv mit dem Bleistift durch. Danach heftet man den Organza mit großen Stichen auf den zu bestickenden Stoff. Nun stickt man das Motiv mit den jeweils gewünschten Stichen (Stiel-, Platt-, Steppstich usw.) aus. Nach Beendigung der Stickerei wird der Organza bis auf ca. 2 cm Stoffzugabe um das ausgestickte Motiv herum weggeschnitten. Danach werden die senkrechten und waagerechten Fäden

des Organza unter der Stickerei herausgezogen, was zwar etwas Mühe und Arbeit macht, die sich aber beim Anblick der fertigen Stickerei lohnt. Wem das zu knifflig ist, der kann den Organza dicht an dem gestickten Motiv entlang wegschneiden, was allerdings nicht so exakt aussieht, dafür aber schneller geht.

Übertragen mit Kopierpapier

Möchten Sie ein Muster auf einen dunkleren Untergrund übertragen, so helfen weder ein Bügelstift noch eine Bleistiftvorzeichnung, da sie auf dem Untergrund nicht sichtbar wären. In diesem Fall wählen Sie Schneiderkopierpapier, welches es in mehreren hellen Farben gibt (in Kaufhäusern und Fachgeschäften erhältlich).
Übertragen Sie zuerst das gewünschte Motiv auf Transparentpapier. Legen Sie danach die beschichtete Seite des Kopierpapiers auf den Stoff und darauf die vorgefertigte Musterzeichnung. Ziehen Sie nun mit einem nicht zu harten Bleistift die Konturen der Zeichnung nach. Da sich die Vorzeichnung nicht immer gleich bei der ersten Wäsche aus dem Stoff herauswäscht, müssen Sie sehr sorgfältig arbeiten und die aufgezeichneten Konturen oder Flächen exakt übersticken.

Das Aufbügeln eines Musters

Zeitschriften und Fertigpackungen liegen oft schon Bügelmuster zu den vorgeschlagenen Stickereien bei. Wenn Sie sich aber selbst einmal eins herstellen wollen, so brauchen Sie dafür einen Bügelstift (im Fachhandel erhältlich).
Zuerst malt man sich das Muster auf Transparentpapier und überträgt es spiegelverkehrt mit einem Bügelstift auf Seidenpapier (auch Durchschlagpapier). Damit haben Sie schon die Bügelpause angefertigt. Zur Vorsicht machen Sie erst eine Bügelprobe auf dem Stoff, auf den später die Stickerei

ausgeführt werden soll. Das Muster so heiß aufbügeln, wie der Stoff es zuläßt, dabei kann ein Muster zwei- oder dreimal abgebügelt werden. Das Bügeleisen nur vorsichtig auf den Stoff setzen, nicht hin- und herschieben. Und keine Sorge, wenn die Vorzeichnung nicht exakt überstickt worden ist, so verschwindet sie nach dem ersten Waschen ganz bestimmt.

Das Anfertigen einer Stechpause

Wenn Sie eine Stickvorlage mehrmals brauchen, so lohnt es sich, eine Stechpause dafür anzufertigen. Ihr Stechwerkzeug können Sie folgendermaßen herstellen: Schneiden Sie sich von einem Flaschenkorken ein ca. 12 mm langes Stück ab und stecken Sie durch die Mitte des Korkens eine Stecknadel mit großem Kopf. Legen Sie Ihre auf Seidenpapier vorgefertigte Musterzeichnung auf eine dicke Lage Stoff, und stechen Sie entlang der Konturen in gleichmäßigen, dichten Abständen feine Löcher. Danach die fertige Stechpause auf den zu bestickenden Grundstoff legen und einen mit zerbröckelter Zeichenkohle gefüllten Pausbeutel über die Löcher führen. Stechpause abheben, überflüssiges Kohlepulver wegpusten und die gepunkteten Konturen mit einem nicht zu harten Bleistift nachziehen. Die Stickerei im Rahmen sticken.

Stickvorlage aus Transparentpapier

Wenn Sie irgendwo, z. B. in einer Zeitschrift, ein Motiv entdeckt haben, das Ihnen besonders gut gefällt und das Sie unbedingt nachsticken möchten, dann übertragen Sie sich die Konturen des Motivs mit einem harten Bleistift auf Transparentpapier. Danach zeichnen Sie die Konturen des Motivs auf der Rückseite mit einem weichen Bleistift nach. Nun legen Sie das Papier mit dem aufgemalten Motiv auf den Stoff und ziehen die Linien mit einem harten Bleistift auf der Vorderseite nach. Da sich die Konturen während des Stickens leicht verwischen, sollten Sie die Stickerei unbedingt im Rahmen ausführen.

Sticken nach Auszählmustern

Bei Mustern, die auf auszählbarem Stoff gestickt werden, vorwiegend im Kreuz- oder Gobelinstich, arbeitet man nach einem vorgedruckten Auszählmuster. Dabei entspricht ein Karokästchen z. B. einem Kreuzstich über zwei, drei oder höchstens vier Gewebefäden in Höhe und Breite.
Wenn Sie sich ein Muster selbst entwerfen wollen, so gibt es dafür sogenanntes Patronenpapier. Wir zeigen an unserem Beispiel, wie eine Oblate als Vorbild für ein in Kreuzstich übersetztes Motiv diente. Weniger schwierig ist es, wenn Sie sich für den Anfang eine kleine Rose, ein Haus, einen Vogel, einen Apfel oder andere einfache Dinge als Vorbild nehmen.